아이스크림 어린이신문 ❷

초등학생을 위한 달콤한 신문 읽기 프로젝트

아이스크림 어린이신문 ②

이세영 지음

아이스크림북스

머리말

생각과 행동이 달라지는
적극적 뉴스 소비자가 되기를

　동네에서 산책하다가 "강아지를 찾습니다."라고 쓰인 벽보를 봤어요. 위쪽에는 귀여운 강아지 사진이 있고, 그 아래에 강아지의 이름과 나이, 특징이 적혀 있었어요. 강아지의 특징 중에 눈에 들어온 것은 "겁이 많아서 사람을 무서워하지만 고양이를 좋아해요."라는 내용이었어요. 그러고 보니 사진 속 강아지는 눈이 컸고 겁이 많아 보였어요. 좋아하는 고양이와 즐겁게 놀고 있는 강아지의 모습도 그려졌고요.

　많이 안타깝고 조금은 귀여운 이 벽보를 붙인 사람은 '뉴스 생산자'예요. 가족처럼 아끼는 반려동물을 잃어버렸고 지금 애타게 찾고 있다는 뉴스를 생산해 지역 사회에 알린 거예요. 이 벽보를 읽은 사람은 '뉴스의 소비자'예요. '거참, 안타까운 사연이네.'라고 생각하며 가던 길을 계속 갈 수도 있고, '틈날 때마다 저 귀여운 강아지를 찾아봐야지.'라고 생각하며 벽보 속 강아지 사진을 휴대전화로 촬영할 수도 있겠죠.

벽보를 읽었지만 가던 길을 간 사람은 뉴스를 소극적으로 소비한 사람이에요. '저 뉴스는 나와 크게 상관없어.'라고 생각하는 사람이지요. 반면에 벽보 속 강아지 사진을 자신의 휴대전화에 저장해 놓고 길에서 만나는 강아지와 대조해 보는 사람은 뉴스를 적극적으로 소비한 사람이에요. 소극적 소비와 적극적 소비의 차이는 뉴스가 내 행동을 바꾸었는지에 달려 있습니다.

이 책에 실린 100가지 뉴스 기사를 고를 때 스스로 세운 기준은 '이 뉴스가 독자에게 적극적으로 소비될 수 있는가?'였어요. '탄소 중립' 뉴스를 읽고서 여러분이 탄소를 줄이려고 무엇을 할지 고민해 본다면 여러분은 '탄소 중립' 뉴스의 적극적 소비자가 된 거예요. '숏폼과 도파민'에 관한 뉴스를 읽은 뒤 여러분만의 유튜브 숏폼 이용 규칙을 만들어 본다면 이 또한 뉴스를 적극적으로 소비한 것이겠죠. 이처럼 저는 여러분이 『아이스크림 어린이신문2』의 100가지 기사를 읽고, 생각과 행동이 달라지는 적극적인 소비자가 되기를 바랍니다.

2권에는 1권의 경제, 사회문화, 세계, 과학, 환경 분야에 이어 '정치' 분야를 새로 추가했어요. 정치는 우리를 둘러싼 모든 것을 결정하는 중요한 행위예요. 이 점을 기억하며 뉴스 기사를 읽어 주었으면 합니다. 아울러 이 뉴스 기사들이 여러분이 민주 시민으로서 첫 걸음을 떼는 데 도움이 되길 바랍니다.

이세영

아이스크림 어린이신문
이렇게 활용하세요!

중요 기사 확인
분야별로 선정한 100개 기사 중 시의성이 높은 기사에는 별도로 ★ 표시를 달았습니다. 현재 사회적 이슈이거나 화제성 높은 기사를 알아보세요.

핵심 단어 찾기
빈칸에 들어갈 알맞은 단어를 찾으면서 기사의 내용을 제대로 파악했는지 확인해 보세요.

꼼꼼히 읽기
기사 내용과 다른 점을 찾는 문제를 풀면서 문해력을 높이고, 기사 내용을 더 깊이 이해할 수 있습니다.

신문 기사
아이들의 눈높이에 맞춰 쉽고 재미있게 쓴 다양한 기사를 읽으며 긴 글 읽기를 시작해 보세요.

미리 보기 사전
본격적으로 기사를 읽기 전에 준비 운동부터 해야겠죠? 기사를 이해하도록 도와주는 핵심 키워드를 먼저 제시했습니다.

어휘 익히기
초성 힌트와 설명을 보고 어휘를 유추해 보면서 어휘력을 키울 수 있습니다.

생각 곱씹기
기사와 관련해 생각할 거리를 고민하고 함께 토론해 보세요. 기사를 읽은 아이들이 직접 자기 생각을 풀어 보면서 사고력을 키우고 세상을 바라보는 시야를 넓힐 수 있습니다.

요약 정리하기
기사 전체 내용을 갈무리하며 긴 글을 요약하고 핵심을 파악하는 능력을 기를 수 있습니다.

어린이신문 속 6개 분야

빠르게 변화하는 세상을 이해하는 데 필수적인 경제, 세계, 사회문화, 정치, 과학, 환경 6개 분야에서 100개 기사를 엄선했습니다. 1권에는 없던 정치 분야를 추가하여 더욱 풍성한 읽을 거리를 제공하며, 기사를 읽을수록 세상을 더 깊게 바라보는 시야를 넓히고, 미래를 읽고 쓸 수 있는 미래 문해력을 키울 수 있습니다.

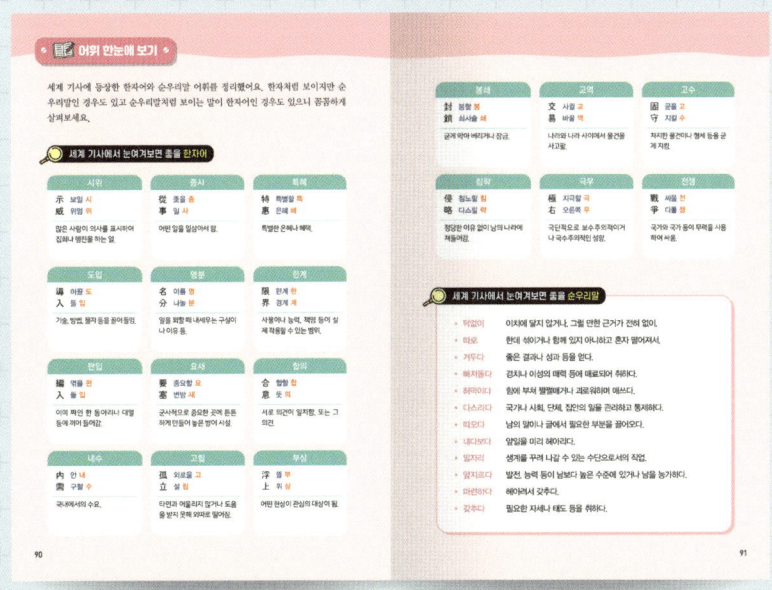

어휘 한눈에 보기

'어휘 익히기'에 다 담지 못한 어휘를 한자어와 순우리말로 구분하여 정리해 보세요. 어휘를 잘 이해할수록 신문 읽기가 쉬워집니다!

차례

- 생각과 행동이 달라지는 적극적 뉴스 소비자가 되기를 4
- 아이스크림 어린이신문 이렇게 활용하세요! 6

경제

❶ 우리가 내는 세금 어디에 쓰일까?	16
★ ❷ 검은 반도체 '김'의 대활약	18
★ ❸ 비상! 가계 부채가 위험해	20
❹ 사교육비가 부담스러워요	22
❺ 수출 1등 공신은 반도체	24
❻ 1인 가구 1,000만 시대 온다	26
❼ 금리가 오르면 어떤 일이?	28
❽ 미국이 보호무역을 강화하면?	30
❾ 환율이 오르면 누가 좋을까?	32
❿ 기업도 성적표를 보여 줘야 한다고?	34
⓫ 전기차! 캐즘 구간을 탈출하라	36
★ ⓬ 전 세계로 스며드는 K웹툰	38
★ ⓭ 비트코인, 어디까지 오를까?	40
⓮ 위안화는 기축통화가 될 수 있을까?	42
★ ⓯ PB 상품, 왜 이렇게 잘나갈까?	44

✏️ 어휘 한눈에 보기 46

세계

⑯	방글라데시 의류 노동자의 외침	50
⑰	월드컵에 네 팀이나 출전하는 나라	52
★⑱	파리 올림픽은 양성평등 올림픽	54
⑲	홍해가 막히면 중국이 이득이라고?	56
★⑳	미국과 중국의 격차가 커지다	58
㉑	미국의 영토가 된 알래스카	60
㉒	빅맥 가격으로 물가 비교 가능!	62
㉓	지금도 왕이 나라를 다스린다고?	64
★㉔	안녕하세요, 브릭스 신입 회원입니다	66
㉕	유럽 농민이 시위에 나선 까닭은?	68
㉖	SUV는 주차비를 3배 내세요!	70
★㉗	세계 인구 1위 나라는 어디?	72
㉘	최저임금이 지역마다 다르다고?	74
㉙	미국 장관은 왜 탄핵되었을까?	76
㉚	국방비로 1,200조를 쓰는 나라	78
㉛	극우 반대 시위가 일어난 독일	80
㉜	세계의 이목이 대만에 쏠린 이유	82
㉝	팔레스타인은 국가가 아니야!	84
㉞	공무원부터 군대 가세요!	86
★㉟	일본 빈집을 사들이는 외국인들	88
	✏ 어휘 한눈에 보기	90

사회문화

- ㊱ 수술실에 CCTV가 생긴다면? … 94
- ⭐ ㊲ 의대 정원이 늘어난다고? … 96
- ㊳ 대중교통 전용지구가 필요할까? … 98
- ㊴ 소년범은 처벌받지 않는다? … 100
- ⭐ ㊵ 계속 늘어나는 외국인 노동자 … 102
- ⭐ ㊶ 2024년 핵심 단어 '분초 사회' … 104
- ㊷ 스스로를 가두는 청년들이 있어요 … 106
- ㊸ 대한민국은 수도권 공화국 … 108
- ⭐ ㊹ 숏폼 중독! 도파민이 뭐길래 … 110
- ㊺ 전화로도 진료를 받는 시대 … 112
- ㊻ 착한 기업, 돈쭐나 볼래? … 114
- ㊼ 주민등록 인구통계가 알려 주는 현실 … 116
- ㊽ ○리단길을 떠나는 사람들 … 118
- ㊾ 개 식용은 이제 그만! … 120
- ⭐ ㊿ 당신의 정보를 지워 드립니다 … 122
- ⭐ ㈤¹ 이제 공휴일에도 대형 마트 간다 … 124
- ⭐ ㈤² 우리나라는 사형 폐지국일까? … 126
- ㈤³ 하루에 미디어 얼마나 이용하니? … 128
- ㈤⁴ 학교에 안심하고 맡기세요 … 130
- ㈤⁵ 영화관 갈까? 집에서 OTT 볼까? … 132

✎ 어휘 한눈에 보기 … 134

정치

- ★ 56 국민이 선택하는 국회의원 — 138
- 57 보수와 진보는 어떻게 다를까? — 140
- 58 표심을 노리는 포퓰리즘 — 142
- 59 비켜! 내가 정권을 잡을 거야! — 144
- 60 정당은 무슨 일을 할까? — 146
- 61 대통령제의 뿌리를 찾아서 — 148
- 62 의원내각제가 뭔 말? — 150
- 63 쿠바와 교제를 시작했어요 — 152
- 64 당신의 자질을 검증하겠습니다 — 154
- 65 저의 청원을 들어주세요! — 156

✎ 어휘 한눈에 보기 — 158

과학

- 66 눈이 안 와도 스키를 탈 수 있다고? — 162
- 67 더울 때도 추울 때도 일정한 체온 — 164
- ★ 68 캠핑장에서 이 없으면 잇몸 — 166
- 69 클라우드가 바꾼 일상 — 168
- 70 세계에서 여섯째 남극 내륙 기지 — 170

㉛ 오로라 빛깔의 비밀	172
㉜ 잘 자는 어린이가 잘 자란다	174
★ ㉝ 제로 슈거인데 왜 달까?	176
㉞ 또 다른 지구를 만드는 테라포밍	178
㉟ 혈액은 붉은데 혈관은 파란 이유	180
★ ㊱ 31년 만에 동해안 지진해일 발생	182
㊲ 저는 소행성을 탐사 중입니다	184
㊳ 세계에서 가장 오래된 미라의 변신	186
★ ㊴ 세계 최초 나무 인공위성의 등장!	188
★ ㊵ 특명! 천연 수소를 찾아라	190
★ ㊶ AI, 어디까지 갈 거니?	192
㊷ 하늘에서 인공위성이 떨어진다면	194
★ ㊸ 민간 달 탐사선, 최초로 달 착륙	196
㊹ 모의 화성에서 일 년 살기	198
✎ 어휘 한눈에 보기	200

환경

★ ㊺ 탄소 중립, 왜 중요해졌을까?	204
㊻ 전력 에너지원 1위는 석탄	206
㊼ 설악산에 케이블카가 생겨요	208
★ ㊽ 멸종 위기 코뿔소 살리기 대작전	210

89	슈퍼리치가 지구 온난화의 주범?	212
★ 90	자외선 차단제가 산호를 공격해요	214
91	불타 버린 숲도 회복될까요?	216
92	한때는 평화의 상징이었어요	218
93	탄소 배출 많이 하면 세금 내시오!	220
94	에베레스트산에서 꼭 챙겨야 할 '이것'	222
95	민물가마우지, 이제 잡아도 된다고?	224
96	정말 녹색 땅이 되어가는 그린란드	226
★ 97	음식물 쓰레기 분리배출은 한국처럼	228
98	사막으로 변해 버린 호수	230
99	산양을 만나면 연락 주세요	232
★ 100	메탄 배출하먼 딱 걸려!	234

✏️ 어휘 한눈에 보기 236

부록
- 정답 238
- 신문 어휘 찾아보기 242

일러두기
- 이 책에 나온 기사는 2023년부터 2024년 3월까지 각종 언론사에서 다룬 신문 기사와 뉴스를 참고하여 어린이의 눈높이에 맞게 재구성했습니다.
- 이 책에 소개된 어휘의 뜻풀이와 외래어, 지명 등은 국립국어원의 표준국어대사전과 고려대 한국어대사전을 참고했습니다.
- 이 책에 삽입된 사진 및 삽화 이미지는 셔터스톡에서 구매했으며 제공 받은 이미지는 출처를 표기했으므로, 저작권상 문제가 없습니다.

검은 반도체   환율   K웹툰

가계 부채   PB 상품

01 우리가 내는 세금 어디에 쓰일까?

> **미리보기 사전**
>
> **세금**
> 국가나 지방자치단체가 경비로 사용하려고 국민이나 주민에게 거두어들이는 금전을 말해요.

우리는 알게 모르게 세금을 내고 있어요. 세금을 내는 것은 우리 헌법에 규정한 국민의 4대 의무 중 하나예요. 이렇게 거둔 세금은 어디에 쓰일까요?

국민에게 거둔 세금으로 나라 살림 꾸려

2024년 정부가 쓸 예산은 656조 6,000억 원이에요. 정부가 1년 동안 나라 살림을 어떻게 꾸리겠다고 제출한 계획을 국회가 살펴보고 조정한 뒤에 통과시켜 준 거예요. 이 돈은 세금으로 마련해요. 납세자에게서 세금을 거두어 나라 살림에 쓰는 거죠. 세금은 복지, 행정, 교육, 국방 등 나라의 여러 분야에 쓰이며 나라 살림을 떠받쳐요. 공공시설을 만들고, 형편이 어려운 사람들을 지원하고, 의무 교육을 실시하고, 외부 위험에서 나라를 지키는 등 다양하게 쓰여요.

경제 상황이 좋으면 세금이 늘어나

세금은 크게 국세와 지방세로 나뉘어요. 국세는 중앙정부가 거두어 나라 전체를 위해 쓰는 세금이고, 지방세는 지방정부, 즉 도·시·군이 거두어 자체적으로 쓰는 세금이에요. 총 세금 중 국세와 지방세 비율은 75 대 25 정도예요. 세금은 경제 상황이 좋을 때 잘 걷혀요. 일자리와 생산이 늘면 개인과 기업이 돈을 많이 벌게 되고 그러면 소득세와 법인세가 늘어난답니다. 세금과 관련된 일을 하는 국가기관인 국세청은 매년 많은 세금을 상습적으로 납부하지 않는 고액 체납자를 발표해 성실하게 세금을 납부하도록 독려하고 있어요.

핵심 단어 찾기 빈칸에 들어갈 알맞은 단어를 찾아 ✓표 하세요.

- ( )을 내는 것은 우리 헌법에 규정한 국민의 4대 의무 중 하나예요.
- ( )는 지방정부, 즉 도·시·군이 거두어 자체적으로 쓰는 세금이에요.

☐ 요금
☐ 세금
☐ 간접세
☐ 지방세

꼼꼼히 읽기 세금에 대한 설명으로 틀린 것을 고르세요. ( )

① 정부가 예산 계획을 제출하면 국회가 살펴보고 조정한 뒤에 통과시킨다.
② 정부 예산으로 쓸 돈은 기업에서 기부금을 거두어 마련한다.
③ 세금은 복지, 행정, 교육, 국방 등 나라의 여러 분야에 쓰이며 나라 살림을 떠받친다.

어휘 익히기 다음 초성 힌트와 설명을 보고 해당하는 어휘를 적어 보세요.

- ㅇㅅ   국가나 단체에서 한 회계 연도의 수입과 지출을 미리 셈하여 정한 계획.
- ㄴㅅㅈ 세금을 직접 내는 사람.
- ㅅㅅㅈ 좋지 않은 일을 버릇처럼 하는.

요약 정리하기 괄호 안에 알맞은 말을 넣어 기사를 요약해 보세요.

세금은 ( )와 ( )로 나뉘어요. ( )는 중앙정부가 거두어 나라 전체를 위해 쓰는 세금이고, ( )는 지방정부, 즉 도·시·군이 거두어 자체적으로 쓰는 세금이에요.

생각 곱씹기 나라 살림 중 가장 많은 세금을 써야 할 곳은 어디라고 생각하나요?

_____
_____

검은 반도체 '김'의 대활약

미리 보기 사전

김
홍조류 보라털과 조류예요. 검은 자주색 또는 붉은 자주색을 띠고 바닷속 바위에 이끼처럼 붙어 자라요. 우리나라 사람들이 좋아하는 밥반찬이에요.

'검은 반도체'라는 말 들어 봤나요? 바로 '김'을 이르는 말이에요. 우리나라의 수출 효자 상품인 반도체처럼 김이 최근 수출 효자 상품으로 떠오르면서 검은 반도체로 불리고 있어요.

바다의 잡초로 생각해 먹지 않던 김

현재 우리나라에서 생산되는 수산물 중 가장 많이 수출하는 것이 바로 김이에요. 2024년 1월 정부가 공개한 내용에 따르면 2023년 김 수출액은 1조 200억 원으로 역대 최고액을 기록했어요. 김, 미역 등 해초류가 몸에 좋은 슈퍼 푸드로 알려지며 해초류를 먹지 않던 유럽과 미주 대륙에서 소비가 늘어난 것이 수출 증가에 큰 영향을 미쳤어요. 이전에 유럽과 미주 대륙 사람들은 김, 미역 등을 '바다의 잡초'라고 생각해 먹지 않았거든요.

124개 나라로 수출하는 K김

최근에는 미국에서 한국 김밥 열풍이 불고 있어요. 마트마다 김밥을 사려고 줄을 서고, SNS에 재고 정보를 실시간으로 공유할 정도예요. K팝과 K드라마 등의 영향으로 K푸드에 관심이 높아지면서 김밥 열풍에 힘을 보탰다는 해석이 나오기도 했어요. 전 세계 김 시장에서 우리나라의 점유율은 2022년 기준 70%를 넘어섰어요. 우리나라 김이 수출되는 나라는 124개 나라인데, 2010년보다 두 배가량 증가했어요.

핵심 단어 찾기 빈칸에 들어갈 알맞은 단어를 찾아 ✓ 표 하세요.

- 반도체처럼 (　　)이 수출 효자 상품으로 떠오르면서 검은 반도체로 불리고 있어요.
- (　　)가 슈퍼 푸드로 알려지며 (　　)를 먹지 않던 유럽과 미주 대륙에서 소비가 늘어난 것이 수출 증가에 큰 영향을 미쳤어요.

☐ 미역
☐ 김
☐ 해초류
☐ 갑각류

꼼꼼히 읽기 김에 대한 설명으로 틀린 것을 고르세요. (　　)

① 우리나라에서 생산되는 수산물 중 가장 많이 수출하는 것이 김이다.
② 과거 유럽과 미주 대륙 사람들은 김, 미역 등을 '바다의 잡초'라고 생각해 먹지 않았다.
③ 우리나라 김이 수출되는 나라는 124개 나라이며, 2010년보다 감소했다.

어휘 익히기 다음 초성 힌트와 설명을 보고 해당하는 어휘를 적어 보세요.

- ㅂㄷㅊ　전기 전도율이 도체와 절연체의 중간 정도인 물질. 낮은 온도에서는 거의 전기가 통하지 않으나 높은 온도에서는 전기가 잘 통한다. 전기 전자 제품에 널리 쓴다.
- ㅅㅅㅁ　바다나 강 등의 물에서 나는 산물.
- ㅈㄱ　전에 만들어 놓았거나 팔다 남아서 창고에 쌓아 놓은 물건.

요약 정리하기 괄호 안에 알맞은 말을 넣어 기사를 한 줄로 요약해 보세요.

2024년 1월 정부가 공개한 내용에 따르면 2023년 김 (　　　)은 1조 200억 원으로 역대 최고액을 기록했어요. 전 세계 김 시장에서 우리나라의 (　　　)은 2022년 기준 70%를 넘어섰어요.

생각 곱씹기 인기를 끌 만한 K요리에는 또 무엇이 있을까요? 이유와 함께 적어 보세요.

19

03 비상! 가계 부채가 위험해

> **미리 보기 사전**
>
> **가계 부채**
> 한 가정이 지고 있는 빚을 말해요. 가계 부채는 그 나라의 경제 상황을 판단하는 중요한 지표예요.

2024년 1월 정부가 '2024년 경제정책방향'을 발표했어요. 그러면서 앞으로 가계 부채를 꾸준히 관리하겠다고 언급했는데요, 정부가 가계 부채를 신경 쓰는 이유는 뭘까요?

가계 부채는 주로 집을 사거나 빌리며 발생

우리나라의 가계 부채는 주로 집을 사거나 빌리는 과정에서 생겨요. 모아 놓은 돈만으로는 집을 얻을 수 없으니 은행에서 돈을 빌리는 거예요. 많은 사람이 은행에서 돈을 빌려 집을 사려고 하면 집값이 오를 수밖에 없어요. 또 가정은 빌린 돈의 원금과 이자를 매달 내야 해서 다른 데 돈을 쓸 여유가 없어지니 지갑을 닫게 돼요. 그러면 소비가 줄어들어 경제 활동이 침체하고, 기업은 일자리를 줄이고 투자도 줄이게 돼요. 경제 불황의 악순환에 빠지게 되는 거예요.

가계 부채가 국내 총생산보다 많은 우리나라

우리나라의 국내 총생산(GDP) 대비 가계 부채 비율은 2023년 말 기준 100.8%예요. 국민 전체가 생산한 물건과 서비스의 총액보다 가계 부채 총액이 더 많은 거예요. 우리나라의 가계 부채 비율은 위험한 수준이에요. 국제통화기금(IMF)에 따르면 지난 5년간(2017~2022년) 우리나라의 가계 부채 비율 증가 폭은 16.2%p(퍼센트포인트)이며, 경제협력개발기구(OECD) 26개 회원국 중 압도적 1위를 차지했어요. 정부는 2027년까지 가계 부채를 국내 총생산 대비 100% 이내로 관리하겠다는 목표를 세웠어요.

핵심 단어 찾기 빈칸에 들어갈 알맞은 단어를 찾아 ☑ 표 하세요.

- 우리나라의 (   )은/는 주로 집을 사거나 빌리는 과정에서 생겨요.

  ☐ 가계 부채
  ☐ 가계 소득

- 많은 사람이 은행에서 돈을 빌려 집을 사려고 하면 집값이 (   ) 수밖에 없어요.

  ☐ 내릴
  ☐ 오를

꼼꼼히 읽기 가계 부채에 대한 설명으로 틀린 것을 고르세요. (   )

① 은행에서 돈을 빌려 집을 산 가정은 원금과 이자를 내느라 다른 데 돈을 쓸 여유가 없어진다.
② 소비가 줄어들어 경제 활동이 침체하면 기업은 일자리를 줄이고 투자도 줄이게 된다.
③ 정부는 2027년까지 가계 부채를 국내 총생산 대비 80% 이내로 관리하겠다는 목표를 세웠다.

어휘 익히기 다음 초성 힌트와 설명을 보고 해당하는 어휘를 적어 보세요.

- ㅇㄱ   꾸어 주거나 맡긴 돈에 이자를 붙이지 아니한 돈.

- ㅇㅈ   남에게 돈을 빌려 쓴 대가로 치르는 일정한 비율의 돈.

- ㅂㅎ   경제 활동이 일반적으로 침체되는 상태.

요약 정리하기 괄호 안에 알맞은 말을 넣어 기사를 요약해 보세요.

우리나라의 (   )은 위험한 수준이에요. 지난 5년간 증가 폭은 16.2%p이며, 경제협력개발기구 26개 회원국 중 압도적 1위를 차지했어요.

생각 곱씹기 우리 집의 부채가 늘어나면 어떤 일이 일어날까요? 예상해서 적어 보세요.

_____

_____

사교육비가 부담스러워요

> **미리보기사전**
>
> **사교육비**
> 공교육을 보충하려고 제도권 밖에서 하는 학원비, 과외비 등을 말해요.

2024년 1월 국토연구원이 발표한 자료에 따르면 출생률 하락에 영향을 미친 첫째 요소가 주거비 부담, 둘째 요소가 사교육비 증가라고 해요. 사교육비 때문에 출생률이 낮아진다는 뜻인데, 사실일까요?

소득 수준, 지역별로 차이 나는 사교육비

사교육비는 통계를 만든 2007년 이래 지속적으로 늘어났어요. 2022년에는 총액이 약 26조 원에 달해 역대 최대 규모를 기록했고, 학생 1인당 월평균 사교육비도 41만 원으로 역대 최고 수준이었어요. 사교육비 지출은 소득 수준에 따라 다르게 나타나요. 월 소득 800만 원 이상인 가구의 사교육비는 평균 64만 8,000원이었고, 월 소득 200만 원 미만인 가구의 사교육비는 평균 12만 4,000원이었어요. 지역별 차이도 커서, 서울 고교생의 월평균 사교육비는 93만 7,000원인 반면, 읍면 지역 고교생은 52만 7,000원이었어요.

사교육비 줄이려면 공교육을 강화해야

이렇게 사교육비의 비중이 커짐과 동시에 출생률은 감소하고 있어요. 주거비 부담이 큰 상황에서 양육과 교육에 드는 비용도 커지니 자녀 계획을 망설이는 거예요. 자녀를 낳더라도 한 명만 낳아서 집중적으로 사교육을 하는 경우가 많아요. 사교육비가 매년 늘어나는 데는 우리 아이가 경쟁에서 뒤처지면 안 된다는 불안감이 많이 작용해요. 전문가들은 사교육비를 줄이려면 학교에서 사교육 수준으로 학습 서비스를 제공하고, 입시 경쟁과 대학 서열화가 완화되어야 한다고 이야기해요.

핵심 단어 찾기 빈칸에 들어갈 알맞은 단어를 찾아 ✓표 하세요.

- 국토연구원의 자료에 따르면 출생률 하락에 영향을 미친 첫째 요소가 주거비 부담, 둘째 요소가 (　　) 증가라고 해요.

- 사교육비 지출은 (　　)에 따라 다르게 나타나요.

☐ 자동차 구입비
☐ 사교육비
☐ 저축 수준
☐ 소득 수준

꼼꼼히 읽기 사교육비에 대한 설명으로 틀린 것을 고르세요. (　　)

① 사교육비는 통계를 만든 2007년 이래 증가와 감소를 반복했다.
② 사교육비는 지역별 차이가 크다.
③ 사교육비가 늘어나는 것은 우리 아이가 뒤처지면 안 된다는 불안감이 작용하기 때문이다.

어휘 익히기 다음 초성 힌트와 설명을 보고 해당하는 어휘를 적어 보세요.

- ㅊㅅㄹ　　일정한 기간에 태어난 사람의 수가 전체 인구에서 차지하는 비율.

- ㅇㅅ　　입학생을 선발하려고 입학 지원자에게 치르게 하는 시험.

- ㅅㅇㅎ　　일정한 기준에 따라 순서대로 늘어서게 되는 것.

요약 정리하기 괄호 안에 알맞은 말을 넣어 기사를 요약해 보세요.

사교육비의 비중이 커짐과 동시에 (　　　　)은 감소하고 있어요. (　　　　) 부담이 큰 상황에서 양육과 교육에 드는 비용도 커지니 자녀 계획을 망설이는 거예요.

생각 곱씹기 우리 집에서 매월 지출하는 사교육비는 얼마인가요? 우리 집의 사교육비를 줄일 방법은 무엇일지 적어 보세요.

_____

_____

수출 1등 공신은 반도체

> **미리 보기 사전**
>
> **수출**
> 국내의 상품이나 기술을 외국으로 팔아 내보내는 것을 말해요. 반대어로 다른 나라에서 상품이나 기술을 국내로 사들이는 '수입'이 있어요.

2023년 우리나라는 무역 수지 적자 99억 7,000만 달러를 기록했어요. 수출보다 수입이 100억 원 가까이 많았다는 이야기예요. 그런데도 2022년보다는 무역 수지 적자 폭이 많이 줄어든 상황이라고 해요. 그렇다면 우리나라에서 수출하는 대표적인 품목은 무엇일까요?

수출 품목 1위는 반도체

2023년 수출액은 6,326억 9,000만 달러이며 2022년보다 7.4% 감소했어요. 수출 1위 품목은 반도체예요. 무려 986억 3,000만 달러를 수출했어요. 삼성전자와 SK하이닉스가 주도하는 반도체 수출은 우리나라 전체 수출의 15.6%를 차지했어요. 그 뒤를 이어 자동차가 708억 7,000만 달러를 기록하며 2위를 차지했고, 일반 기계가 534억 6,000만 달러로 3위를 차지했어요. 자동차 수출은 전기차와 스포츠 유틸리티차(SUV)의 수출이 늘며 2022년 541억 달러보다 30% 이상 늘었어요.

수출 지역 1위는 중국

우리나라가 제품을 가장 많이 수출하는 나라는 어디일까요? 바로 중국이에요. 2023년 수출액이 1,248억 4,000만 달러를 기록했어요. 2위는 미국 1,157억 2,000만 달러, 3위는 아세안(동남아국가연합) 1,092억 4,000만 달러예요. 2023년 미국으로 수출한 금액이 역대 최대 실적을 기록해, 2005년 이후 18년 만에 아세안을 제치고 '수출 2위 지역'이 되었답니다. 요약하자면 중국과 미국, 아세안이 우리나라가 제품을 주로 수출하는 지역이에요.

핵심 단어 찾기 빈칸에 들어갈 알맞은 단어를 찾아 ✓ 표 하세요.

- 수출은 국내의 상품이나 기술을 외국으로 팔아 내보내는 것을 말해요. 반대로 다른 나라에서 상품이나 기술을 국내로 사들이는 (　) 이 있어요.
- 2023년 우리나라는 무역 수지 (　) 99억 7,000만 달러를 기록했어요.

☐ 투입
☐ 수입
☐ 적자
☐ 흑자

꼼꼼히 읽기 우리나라의 수출에 대한 설명으로 틀린 것을 고르세요. (　)

① 2023년 수출액은 6,326억 9,000만 달러이며 2022년보다 7.4% 증가했다.
② 수출 1위 품목은 반도체이며, 우리나라 전체 수출의 15.6%를 차지했다.
③ 우리나라가 제품을 가장 많이 수출하는 나라는 중국이다.

어휘 익히기 다음 초성 힌트와 설명을 보고 해당하는 어휘를 적어 보세요.

- ㅁㅇㅅㅈ　　일정 기간 다른 나라와 수출하고 수입한 거래를 모두 계산한 수치.
- ㅈㅈ　　지출이 수입보다 많아서 생기는 결손액.
- ㅅㅈ　　실제로 이룬 업적이나 공적.

요약 정리하기 괄호 안에 알맞은 말을 넣어 기사를 요약해 보세요.

우리나라의 수출 1위 품목은 (　　)이고, (　　)가 2위, (　　)가 3위를 차지했어요.

생각 곱씹기 다른 나라로 수출하기 좋은 우리나라 제품에는 무엇이 있을까요? 이유와 함께 적어 보세요.

_____

_____

1인 가구 1,000만 시대 온다

> **미리보기사전**
>
> **1인 가구**
> 혼자서 생활하는 가구를 말해요. 가구는 현실적으로 주거와 생계를 같이하는 집단을 세는 단위예요. 1인 가구가 증가하면서 우리 경제의 여러 측면이 달라지고 있어요.

정부가 공개한 '2023년 주민등록 인구통계'에 따르면 2023년 말 기준 우리나라의 1인 가구는 993만 5,600가구이고 전체 가구의 41.5%를 차지했어요. 다섯 집 가운데 두 집이 1인 가구라는 뜻이에요.

1인 가구 늘고 4인 가구 줄고

1인 가구는 꾸준히 증가해 왔어요. 2023년 1년 동안 21만 1,344가구가 늘어난 것을 보면 2024년 연말에는 1인 가구 수가 1,000만 가구를 넘길 것으로 예상돼요. 2인 가구는 586만 6,073가구, 3인 가구는 402만 9,815가구로 조금씩 늘어났어요. 반면 4인 가구는 314만 8,835가구, 5인 가구는 74만 3,232가구로 조금씩 줄어들었고요.

1인 가구 대상 상품 늘어나

전체 1인 가구 중에는 70대 이상이 19.6%로 가장 많았어요. 또 1인 가구 중 30대는 16.8%, 20대는 15.2%로 나타나 나이대별로 고르게 분포되어 있었어요. 이제는 1인 가구가 우리나라의 대표적인 가구 형태가 된 거예요. 1인 가구가 늘어나면서 기업들은 기존 4인 가구 또는 신혼부부에게 초점이 맞춰졌던 상품 타깃을 1인 가구 대상으로 확대하고 있어요. 또 늘어나는 1인 가구 시장을 먼저 차지하려 애쓰고 있어요.

핵심 단어 찾기 빈칸에 들어갈 알맞은 단어를 찾아 ✓ 표 하세요.

- ( )는 현실적으로 주거와 생계를 같이하는 집단을 세는 단위예요.

- '2023년 주민등록 인구통계'에 따르면 2023년 말 기준 우리나라의 ( )는 전체 가구의 41.5%를 차지했어요.

☐ 인구
☐ 가구
☐ 1인 가구
☐ 2인 가구

꼼꼼히 읽기 1인 가구에 대한 설명으로 틀린 것을 고르세요. ( )

① 우리나라는 다섯 집 가운데 두 집이 1인 가구이다.
② 2024년 연말에는 1인 가구 수가 1,000만 가구를 넘길 것으로 예상된다.
③ 1인 가구를 나이대별로 나누면 30대가 가장 많다.

어휘 익히기 다음 초성 힌트와 설명을 보고 해당하는 어휘를 적어 보세요.

- ㅈㄱ   일정한 곳에 머물러 삶.

- ㅅㄱ   살림을 살아 나갈 방도. 또는 현재 살림을 사는 형편.

- ㅂㅍ   일정한 범위에 흩어져 퍼져 있음.

요약 정리하기 괄호 안에 알맞은 말을 넣어 기사를 요약해 보세요.

1인 가구가 늘어나면서 여러 기업들은 기존 4인 가구 또는 신혼부부에게 초점이 맞춰졌던 ( )을 1인 가구 대상으로 확대하고 있어요.

생각 곱씹기 1인 가구가 계속 늘면 우리 사회는 어떻게 달라질까요? 상상해서 적어 보세요.

금리가 오르면 어떤 일이?

미리 보기 사전

금리
빌려준 돈이나 예금에 붙는 이자를 말해요. 2024년 기준 세계 주요 나라는 금리를 올리는 고금리 기조를 유지하고 있어요.

금리가 올라 서민이 살기가 힘들다는 이야기를 뉴스에서 들어 봤을 거예요. 금리가 오르면 어떤 일이 일어나기에 그런 걸까요?

금리가 오르면 돈이 은행으로 몰려

한국은행은 매달 기준금리를 발표해요. 기준금리란 은행 등 금융기관에서 거래할 때 기준이 되는 금리를 말해요. 2024년 1월 한국은행이 발표한 기준금리는 3.5%였어요. 시중은행은 이를 기준으로 예금이자와 대출이자를 결정해요. 기준금리가 높아지면 시중은행의 금리가 높아지고, 돈이 은행으로 모이게 돼요. 전보다 많은 수익을 얻으니 주식과 부동산 등 위험성이 있는 자산에 투자했던 돈을 은행으로 옮겨 놓기 때문이에요.

대출 받은 사람들은 고금리에 고통받아

반면 은행에서 대출을 받아 쓰던 개인과 기업은 큰 부담을 느끼게 돼요. 예를 들어 금리가 2%였을 때 은행에서 1,000만 원을 빌렸다면 1년에 이자를 20만 원 내면 되지만, 금리가 5%로 오르면 1년에 이자를 50만 원 내야 하기 때문이에요. 높은 이자가 부담스러워진 개인과 기업은 은행에서 빌린 돈을 서둘러 갚게 돼요. 하지만 집을 장만하느라 은행에서 대출을 받은 사람 중 대다수는 당장 대출을 갚지 못하기 때문에 높은 이자를 감수해야 해요.

핵심 단어 찾기 빈칸에 들어갈 알맞은 단어를 찾아 ☑ 표 하세요.

- 빌려준 돈이나 예금에 붙는 이자를 (　　) 라고 해요.
- 2024년 현재 세계 주요 나라는 금리를 올리는 (　　) 기조를 유지하고 있어요.

☐ 통화
☐ 금리
☐ 고금리
☐ 저금리

꼼꼼히 읽기 금리에 대한 설명으로 틀린 것을 고르세요. (　　)

① 한국은행은 매달 기준금리를 발표한다.
② 기준금리란 은행 등의 금융기관에서 거래할 때 기준이 되는 금리를 말한다.
③ 시중은행은 기준금리와 무관하게 예금이자와 대출이자를 결정한다.

어휘 익히기 다음 초성 힌트와 설명을 보고 해당하는 어휘를 적어 보세요.

- ㅅㅁ　　　　경제적으로 중류 이하의 넉넉지 못한 생활을 하는 사람.
- ㅅㅈㅇㅎ　　큰 도시에 본점이 있고 전국에 지점을 둔 일반 은행.
- ㄷㅊ　　　　돈이나 물건을 빌려주거나 빌림.

요약 정리하기 괄호 안에 알맞은 말을 넣어 기사를 요약해 보세요.

기준금리가 높아지면 시중은행의 (　　　) 가 높아지고, 돈이 은행으로 모이게 돼요. 전보다 많은 수익을 얻으니 위험성이 있는 자산에 (　　　) 했던 돈을 은행으로 옮겨 놓기 때문이에요.

생각 곱씹기 금리가 낮아지면 은행의 대출 총액은 늘어날까요, 줄어들까요? 이유와 함께 적어 보세요.

_____

_____

미국이 보호무역을 강화하면?

> **미리 보기 사전**
>
> **보호무역**
> 자기 나라의 산업을 보호하고 육성할 목적으로 국가가 대외무역을 간섭하고 수입에 여러 가지 제한을 두는 무역을 말해요. 반대 개념으로 '자유무역'이 있어요.

2024년 11월 15일에는 미국 대통령 선거가 있어요. 전 대통령이었던 공화당의 도널드 트럼프 후보는 다시 대통령이 되면 지금보다 더 강력한 보호무역을 실시할 것이라고 밝혔는데, 미국의 보호무역이 강화되면 우리나라에 어떤 영향을 미칠까요?

미국은 관세 장벽을 다시 높이겠다!

트럼프 후보의 경제 정책을 한마디로 요약하면 미국을 우선으로 하는 강력한 보호무역주의예요. 트럼프는 "두 번째로 대통령에 당선되면 모든 국가의 수입품에 관세를 최소 10% 부과할 것"이라고 밝혔어요. 관세는 상품이 국경을 넘을 때 매기는 세금을 말해요. 관세를 10% 부과하면, 수입 원가가 100만 원인 상품은 국경을 넘을 때 10만 원을 세금으로 내야 해요. 그러면 수입한 나라에서 팔리는 가격은 110만 원보다 높을 거예요. 하지만 자국 상품은 관세를 내지 않아도 되니 수입품과 가격 경쟁에서 유리해지죠.

보호무역은 무역의존도 높은 우리나라에 안 좋은 영향

매월 수입할 수 있는 상품 수를 제한하는 쿼터제, 국내산 상품에만 보조금을 주는 보조금 제도 등은 미국이 외국산 상품의 수입을 줄이려고 만든 보호무역 조치들이에요. 실례로 2023년 미국 시장에서 한국 전기차 판매량이 크게 줄어든 것도 자국에서 만든 전기차에만 보조금을 줘서 가격을 낮추는 제도 때문이었어요. 이러한 보호무역 조치는 무역의존도가 높고 전체 수출에서 미국과 중국이 절대적 비중을 차지하는 우리나라에 부정적인 영향을 미쳐요.

핵심 단어 찾기 빈칸에 들어갈 알맞은 단어를 찾아 ✓ 표 하세요.

- ( )은 자기 나라의 산업을 보호하고 육성할 목적으로 국가가 대외 무역을 간섭하고 수입에 여러 가지 제한을 두는 무역을 말해요.
  - ☐ 자유무역
  - ☐ 보호무역

- 공화당의 ( ) 후보는 대통령이 되면 지금보다 더 강력한 보호무역을 실시할 것이라고 밝혔어요.
  - ☐ 도널드 트럼프
  - ☐ 조 바이든

꼼꼼히 읽기 미국의 보호무역에 대한 설명으로 틀린 것을 고르세요. ( )

① 트럼프 후보의 경제 정책을 한마디로 요약하면 미국을 우선으로 하는 강력한 보호무역주의이다.
② 트럼프는 대통령에 당선되면 모든 국가의 수입품에 최소 5% 관세를 부과할 것이라고 밝혔다.
③ 관세는 상품이 국경을 넘을 때 매기는 세금을 말한다.

어휘 익히기 다음 초성 힌트와 설명을 보고 해당하는 어휘를 적어 보세요.

- ㅈㄱ   자기 나라.

- ㅇㄱ   물건을 사들였을 때의 값. 운임, 수수료를 더하지 않은 값이다.

- ㅁㅇㅇㅈㄷ   한 나라의 국민 경제에서 무역이 차지하는 비중을 표시하는 지표.

요약 정리하기 괄호 안에 알맞은 말을 넣어 기사를 요약해 보세요.

매월 수입할 수 있는 상품 수를 제한하는 쿼터제, 국내산 상품에만 보조금을 주는 보조금 제도 등 미국의 ( ) 조치는 무역의존도가 높고 전체 수출에서 미국과 중국이 절대적 비중을 차지하는 우리나라에 부정적인 영향을 미쳐요.

생각 곱씹기 보호무역의 반대 개념인 자유무역에는 어떤 장단점이 있을까요? 한 가지씩 적어 보세요.

_____

_____

31

09 환율이 오르면 누가 좋을까?

미리 보기 사전

환율
자기 나라 화폐와 다른 나라 화폐의 교환 비율을 말해요. 일반적으로 환율이 올랐다고 하면 원화보다 달러의 가치가 높아졌다는 의미예요.

2024년 새해가 밝자마자 원·달러 환율이 빠른 속도로 올랐어요. 2023년 12월 28일에는 1달러를 1,288원과 바꿀 수 있었는데, 해가 바뀐 1월 2일에는 1달러를 1,300원과 바꿀 수 있게 된 거예요. 이렇게 환율이 오르면 우리에게는 어떤 일이 벌어질까요?

달러 가치가 높아지면 수출 기업에 이득

환율이 올랐다는 것은 원화보다 달러 가치가 높아졌다는 거예요. 미국으로 제품을 수출하는 기업은 대금으로 받은 달러를 원화로 바꾸면 더 많은 이득을 얻게 돼요. 또 외국인은 달러로 우리나라에서 전보다 많은 물건을 살 수 있게 되어 우리나라를 찾는 외국인 관광객도 늘어나요. 반면 미국에서 제품을 수입하는 기업은 전보다 원화를 더 많이 주고 제품을 사야 해서 고통을 겪고, 수입품 가격도 오르게 돼요. 주유소의 기름 가격이 오르는 것이 대표적이죠.

원화 가치가 높아지면 수입 기업에 이득

환율이 떨어졌다면 달러보다 원화 가치가 높아진 거예요. 미국에서 제품을 수입해 오는 기업은 같은 돈으로 전보다 더 많은 물건을 살 수 있어요. 해외여행을 갈 때도 전보다 싼 가격으로 비행기와 호텔을 이용할 수 있죠. 하지만 수출 기업은 어려움을 겪게 돼요. 예를 들어 전에는 1달러를 벌면 1,200원으로 바꿀 수 있었는데, 달러 가치가 하락하면 1달러를 1,000원으로 바꾸게 되거든요. 가장 바람직한 상황은 환율이 크게 변하지 않고 일정한 범위에서 유지되는 것이에요.

핵심 단어 찾기 빈칸에 들어갈 알맞은 단어를 찾아 ✓ 표 하세요.

- ( )은 자기 나라 화폐와 다른 나라 화폐의 교환 비율이에요.
- 일반적으로 환율이 올랐다고 하면 원화에 비해 ( )의 가치가 높아졌다는 의미예요.

☐ 조율
☐ 환율
☐ 달러
☐ 동전

꼼꼼히 읽기 환율에 대한 설명으로 틀린 것을 고르세요. ( )

① 환율이 오르면 외국으로 제품을 수출하는 기업이 이득을 얻게 된다.
② 환율이 오르면 우리나라를 찾는 외국인 관광객이 늘어난다.
③ 환율이 떨어지면 외국 제품을 수입하는 기업이 손해를 보게 된다.

어휘 익히기 다음 초성 힌트와 설명을 보고 해당하는 어휘를 적어 보세요.

- ㅇㅎ   원을 화폐 단위로 하는 한국의 화폐.
- ㄷㄱ   물건값으로 치르는 돈.
- ㅈㅇ   인간 생활과 경제 생산에 이용되는 원료로서 광물, 산림, 수산물 등을 통틀어 이르는 말.

요약 정리하기 괄호 안에 알맞은 말을 넣어 기사를 요약해 보세요.

환율이 올랐다는 것은 ( )보다 ( ) 가치가 높아졌다는 것이고, 환율이 떨어졌다면 ( )보다 ( ) 가치가 높아진 거예요.

생각 곱씹기 환율이 떨어지면 해외여행 갈 때 유리해지는 이유를 적어 보세요.

_____
_____

기업도 성적표를 보여 줘야 한다고?

> **미리보기사전**
> **실적**
> 실제로 이룬 업적이나 공적을 말해요. 우리나라의 주요 기업들은 1년을 4분기로 나눠 3개월마다 실적을 발표해요. 즉 대외적으로 성적표를 보여 주는 거예요.

2024년 2월이 되자 기업들이 2023년 4분기 실적을 발표하기 시작했어요. 지난 분기에 기업을 잘 운영했는지, 돈을 잘 벌었는지를 알리는 거예요. 실적이 좋지 않으면 숨기고 싶을 텐데, 왜 성적표를 꼭 보여 줘야 할까요?

기업은 1년에 네 번 실적 발표

기업은 외부 투자자에게 투자를 받아 공장을 늘리고 신기술을 개발해요. 그리고 1년에 네 번 기업의 실적을 발표해 투자자들에게 기업의 사정을 알려요. 지난 3개월 동안 우리가 이만큼 돈을 벌었고, 번 돈에서 비용을 빼 보니 이만큼 남았다거나, 이만큼 손해를 봤다고 알리는 것이죠. 투자자들은 이 실적을 받아 보고 이 기업에 계속 투자할지 또는 투자를 더 늘리거나 줄일지를 결정하게 돼요.

어닝 시즌에 투자자의 관심 집중

이렇게 기업들이 실적을 집중적으로 발표하는 시기를 '어닝 시즌(earning season)'이라고 해요. 기업의 실적이 기대보다 잘 나오면 어닝 서프라이즈(earning surprise), 기업의 실적이 기대에 미치지 못하면 어닝 쇼크(earning shock)라고 해요. 어닝 서프라이즈를 기록한 기업에는 투자자가 몰리며 다음 분기 실적을 기대하게 돼요. 반면에 어닝 쇼크를 기록한 기업에는 투자자들이 투자를 중단하거나 투자액을 줄이게 되죠. 그래서 기업이 실적을 발표하는 어닝 시즌이 되면 많은 사람이 귀를 쫑긋 세우고 실적 발표를 기다린답니다.

핵심 단어 찾기 빈칸에 들어갈 알맞은 단어를 찾아 ☑ 표 하세요.

- 우리나라의 주요 기업은 1년에 네 번 (　　) 을 발표해요.
- 기업은 실적을 발표해 (　　) 에게 기업의 사정을 알려요.

☐ 신제품
☐ 실적
☐ 투자자들
☐ 감시자들

꼼꼼히 읽기 기업의 실적 발표에 대한 설명으로 틀린 것을 고르세요. (　　)

① 기업은 1년에 네 번 실적을 발표해 투자자들에게 기업의 사정을 알린다.
② 투자자들은 기업의 실적을 받아 보고 투자 여부를 결정한다.
③ 어닝 서프라이즈를 기록한 기업에는 투자자들이 투자를 줄이거나 중단하게 된다.

어휘 익히기 다음 초성 힌트와 설명을 보고 해당하는 어휘를 적어 보세요.

- ㅂㄱ　　1년을 4등분 한 3개월씩의 기간.
- ㅂㅍ　　어떤 사실이나 결과를 세상에 널리 드러내어 알림.
- ㅌㅈ　　이익을 얻으려고 사업에 자본을 대거나 시간이나 정성을 쏟음.

요약 정리하기 괄호 안에 알맞은 말을 넣어 기사를 요약해 보세요.

기업들이 실적을 집중적으로 발표하는 시기를 (　　　　) 이라고 해요. 기업의 실적이 기대보다 잘 나오면 (　　　　), 기업의 실적이 기대에 미치지 못하면 (　　　　) 라고 해요.

생각 곱씹기 어닝 시즌 때 되었을 때 실적이 궁금한 기업이 있나요? 이유와 함께 적어 보세요.

35

전기차! 캐즘 구간을 탈출하라

미리 보기 사전

캐즘(Chasm)
첨단 기술로 개발한 신제품이 출시된 뒤 초기 시장에서 살 사람이 다 사고 나면 일시적으로 성장세가 확 꺾이는 현상을 말해요. 원래는 단절, 균열을 뜻하는 지질학 용어예요.

우리나라에서 선풍적인 인기를 끌던 전기차가 캐즘 구간에 진입했어요. 남보다 먼저 신제품을 구입해 써 보는 진취적 성향을 띤 소비자들이 전기차를 구매한 뒤 대중화되지 못하고 오히려 판매가 줄어든 거예요. 전기차가 캐즘 구간을 뛰어넘지 못하면 시장에서 사라지게 될지도 몰라요.

잘나가던 전기차가 주춤한 이유

2019년 전 세계 판매량이 250만 대를 밑돌던 전기차는 2021년 650만 대로 뛰어오른 뒤 2022년 1,050만 대, 2023년 1,380만 대 등으로 빠르게 판매가 늘어났어요. 2023년에는 세계에서 판매된 신차 여섯 대 중 한 대가 전기차였을 정도예요. 그런데 우리나라에서는 2023년부터 전기차 판매가 감소하기 시작했어요. 전기차가 기존의 자동차보다 비싼 데다 아직도 전기 충전 시설이 충분하지 않고, 정부가 주는 보조금이 줄어들며 생긴 현상이에요.

가격 인하로 캐즘에 맞서다

전기차의 캐즘 구간 탈출은 중국산 전기차가 앞장서서 이끌 것으로 예상돼요. 중국의 전기차 1위 기업인 비야디가 곧 우리 시장에 진출하는데요, 비야디는 2023년 4분기(10~12월)에 테슬라를 제치고 전 세계 1위 전기차 기업이 되었어요. 비야디는 전기차의 핵심 부품인 배터리를 직접 생산하기에 판매가를 크게 내려 가격 경쟁력으로 승부하고 있어요. 과연 친환경 자동차인 전기차가 캐즘 구간을 뛰어넘어 주류 자동차가 될지 지켜봐야겠어요.

핵심 단어 찾기 빈칸에 들어갈 알맞은 단어를 찾아 ✓ 표 하세요.

- 첨단 기술로 개발한 신제품이 출시된 뒤 초기 시장에서 살 사람이 다 사고 나면 일시적으로 성장세가 확 꺾이는 현상을 (　　)이라고 해요.

- 선풍적인 인기를 끌었던 (　　)가 캐즘 구간에 진입했어요.

☐ 미니멀리즘
☐ 캐즘
☐ 전기차
☐ 수소차

꼼꼼히 읽기 전기차의 캐즘 구간 진입에 대한 설명으로 틀린 것을 고르세요. (　　)

① 우리나라에서는 진취적 성향을 띤 소비자들이 전기차를 구매한 뒤 대중화되었다.
② 2023년에는 세계에서 판매된 신차 여섯 대 중 한 대가 전기차였다.
③ 전기차 캐즘 탈출은 중국이 앞장설 것으로 기대된다.

어휘 익히기 다음 초성 힌트와 설명을 보고 해당하는 어휘를 적어 보세요.

- ⓓⓙⓗ　　대중 사이에 널리 퍼져 친숙해짐.
- ⓙⓒⓙ　　적극적으로 나아가 일을 이룩하는.
- ⓖⓙⓡ　　경쟁할 만한 힘.

요약 정리하기 괄호 안에 알맞은 말을 넣어 기사를 요약해 보세요.

우리나라에서는 2023년부터 (　　　　) 판매가 감소하기 시작했어요. (　　　　)가 기존의 자동차보다 비싼 데다 아직도 전기 충전 시설이 충분하지 않고, 정부가 주는 보조금이 줄어들며 생긴 현상이에요.

생각 곱씹기 전기차를 사고 싶은 친구들이 있다면 그 이유를 적어 보세요.

_____

_____

전 세계로 스며드는 K웹툰

> **미리 보기 사전**
> **웹툰(Webtoon)**
> 인터넷으로 연재하고 배포하는 만화를 뜻하는, 웹(web)과 카툰(cartoon)의 합성어예요.

2022년 세계 웹툰 시장 규모는 39억 달러에 달했어요. 우리 돈으로 하면 5조 2,000억 원이나 되는 규모였죠. 웹툰은 우리나라에서 최초로 시작한 사업 분야이다 보니 세계 시장도 우리 기업들이 앞에서 이끌고 있어요.

일본 시장 점유율 59%

일명 K웹툰이 전 세계에서 인기를 얻고 있는 것은 일본 시장을 먼저 장악했기 때문이에요. 일본은 오래전부터 전 세계 만화 시장에 큰 영향력을 미쳐 온 만화 선진국이에요. 우리나라의 플랫폼 기업 네이버는 라인망가, 카카오는 픽코마라는 웹툰 플랫폼을 만들어 일본에 진출했는데요, 두 플랫폼의 일본 시장 점유율은 59%에 달해요. 기존에 종이 만화만 보던 일본 만화 소비자들은 스마트폰으로 라인망가와 픽코마에서 만화를 보는 데 익숙해졌어요. 그 결과 네이버와 카카오는 2023년 일본에서 각각 1,000억 엔(약 8,874억 원)에 이르는 거래액을 기록했어요.

다양한 형태로 수익 내는 웹툰

K웹툰은 10년 전 미국 시장에도 진출했어요. 네이버웹툰은 미국의 콘텐츠 기업 DC코믹스와 제휴해 소비자를 불러 모았고, 그 결과 2022년 2분기에 월간 활성화 이용자 수가 1,250만 명에 달했어요. 카카오도 웹툰 플랫폼 타파스를 북미 지역에 출시했고, 2024년에 하루 거래액만 2억 원을 넘겼어요. 웹툰은 웹툰 외에도 영화, 드라마, 굿즈 등 다양한 형태로 거대한 수익을 내고 있어요.

핵심 단어 찾기 빈칸에 들어갈 알맞은 단어를 찾아 ✅ 표 하세요.

- 인터넷으로 연재하고 배포하는 만화를 (　　) 이라고 해요.

  ☐ 웹소설
  ☑ 웹툰

- 웹툰은 (　　)에서 최초로 시작한 사업 분야이다 보니 세계 시장도 우리 기업들이 앞에서 이끌고 있어요.

  ☐ 우리나라
  ☐ 일본

꼼꼼히 읽기 K웹툰에 대한 설명으로 틀린 것을 고르세요. (　　)

① 2022년 세계 웹툰 시장 규모는 39억 달러에 달했다.
② K웹툰이 전 세계에서 인기를 얻고 있는 것은 일본 시장을 먼저 장악했기 때문이다.
③ 카카오는 웹툰 플랫폼 타파스를 남미 지역에 출시했고, 2024년에 하루 거래액만 3억 원을 넘겼다.

어휘 익히기 다음 초성 힌트와 설명을 보고 해당하는 어휘를 적어 보세요.

- ㅈㅇ　　손에 잡아쥔다는 뜻으로, 마음대로 할 수 있게 됨을 이르는 말.

- ㅈㅎ　　행동을 함께하려고 서로 붙들어 도와줌.

- ㄱㅈ　　특정 브랜드나 연예인 등이 출시하는 기획 상품.

요약 정리하기 괄호 안에 알맞은 말을 넣어 기사를 요약해 보세요.

전 세계 만화 시장에 큰 영향력을 미쳐 온 만화 선진국 (　　　)에서 우리나라 웹툰 플랫폼 네이버와 카카오의 시장 점유율은 59%에 달해요.

생각 곱씹기 재미있게 본 웹툰이 있다면 그 이유와 함께 소개해 보세요.

_____

_____

39

비트코인, 어디까지 오를까?

> **미리보기 사전**
>
> **가상 자산**
> 실물 없이 온라인에서 거래되는 자산을 뜻해요. 처음에는 암호 화폐, 가상 화폐로 불렸으나 화폐보다는 자산 기능이 크다고 인식되어 가상 자산이라 불러요.

2024년 3월 12일 가상 자산인 비트코인의 가격이 7만 달러 문턱을 넘어섰어요. 이날 한때 7만 3,000달러까지 오르자 사람들은 비트코인이 8만 달러를 뛰어넘을 수도 있다며 기대하고 있어요.

처음에는 가상 화폐, 지금은 가상 자산으로

비트코인은 디지털 정보량의 기본 단위인 비트(bit)와 동전을 의미하는 코인(coin)을 합친 말이에요. 2009년 온라인상에서 개인과 개인이 직접 돈을 주고받을 수 있도록 암호화된 가상 화폐로 개발되었어요. 블록체인 기술 덕분에 위조할 수 없어서 안전성을 인정받았지요. 비트코인은 처음에 결제를 위한 화폐로 개발되었지만 지금은 투자 목적 자산으로 인식되고 있어요. 화폐는 가치가 일정해야 하는데 비트코인은 1년 사이에도 몇 배가 오르거나 떨어질 정도로 가치가 널뛰기를 해서 화폐로서는 불안정하기 때문이에요.

비트코인 가격 계속 오를 전망

2024년 1월 비트코인 현물 상장지수펀드(ETF)가 미국 증시에 상장되며 비트코인의 가격이 오르기 시작했어요. 비트코인의 수량은 일정한데 상장지수펀드를 통해 비트코인을 사는 사람이 많아지니 자연스레 가격이 오른 거죠. 2024년 4월에는 비트코인 반감기가 예고되어 있어요. 비트코인 반감기는 대략 4년 주기인데, 비트코인 신규 공급량이 절반으로 줄어드는 현상을 말해요. 반감기가 되면 비트코인의 희소성이 부각되며 가격이 더 오를 것으로 전망돼요.

(※해당 기사는 2024년 4월 초 기준으로 작성되었습니다.)

핵심 단어 찾기 빈칸에 들어갈 알맞은 단어를 찾아 ✓ 표 하세요.

- 실물 없이 온라인에서 거래되는 자산을 (　　) 이라고 해요.

☐ 가상 자산
☐ 실물 자산

- 비트코인은 온라인상에서 (　　) 와/과 (　　) 이/가 돈을 주고받을 수 있는 암호화된 가상 화폐로 개발되었어요.

☐ 개인
☐ 단체

꼼꼼히 읽기 비트코인에 대한 설명으로 틀린 것을 고르세요. (　　)

① 2024년 3월 12일 가상 자산인 비트코인의 가격이 7만 달러 문턱을 넘어섰다.
② 비트코인은 화폐로서 불안정하다.
③ 비트코인은 음악에서 박자를 뜻하는 비트(beat)와 동전을 의미하는 코인(coin)을 합친 말이다.

어휘 익히기 다음 초성 힌트와 설명을 보고 해당하는 어휘를 적어 보세요.

- ⓞⓩ　　　어떤 물건을 속일 목적으로 꾸며 진짜처럼 만듦.

- ⓗⓢⓢ　　인간의 물질적 욕구에 비하여 그 충족 수단이 제한되어 있거나 부족한 상태.

요약 정리하기 괄호 안에 알맞은 말을 넣어 기사를 요약해 보세요.

비트코인은 처음에 (　　　　　) 로 개발되었지만 지금은 (　　　　　) 으로 인식되고 있어요. 화폐는 가치가 일정해야 하는데 비트코인은 1년 사이에도 몇 배가 오르거나 떨어질 정도로 가치가 널뛰기를 해서 화폐로서는 불안정하기 때문이에요.

생각 곱씹기 여러분은 투자 자금이 있다면 비트코인에 투자할 건가요?

_____

_____

위안화는 기축통화가 될 수 있을까?

> **기축통화**
> 나라 사이에 이루어지는 국제 거래에서 기준이 되는 통화를 뜻해요. 지금은 미국의 달러가 대표적인 기축통화로 쓰이고 있어요.

현재 전 세계에서 사용하는 기축통화는 미국의 달러예요. 달러는 2023년 11월 기준으로 전체 국제 결제 중 47%에 쓰였어요. 2위는 유럽연합의 유로, 3위는 영국의 파운드, 4위는 중국의 위안화였어요. 최근 중국의 위안화가 달러의 기축통화 자리를 위협하고 있다고 해요.

국제 결제에서 점점 비중이 커지는 중국 위안화

중국의 통화인 위안화는 2023년 11월 기준으로 국제 결제에서 4.6%를 차지해 1년 전보다 2배나 성장했어요. 중국은 사우디아라비아에서 석유와 천연가스를 수입할 때 위안화로 결제하고 있어요. 또 러시아, 브라질, 아르헨티나와 무역할 때도 위안화로 결제하는 비율이 전보다 월등히 높아졌어요. 우리나라와 무역할 때도 위안화로 결제하는 금액이 2022년보다 2023년에 9.4% 증가했고요. 중국은 최근 급성장한 경제 규모와 아시아 시장에서 미치는 영향력을 바탕으로 기축통화의 위치를 차지하려 애쓰고 있어요.

강대국 통화가 기축통화 역할 담당

기축통화는 사용하기 편해야 해요. 자유롭게 다른 통화로 교환할 수 있어야 하고 통화로서 가치도 안정적이어야 해요. 통화에 대한 믿음이 두터워야 하므로 그 나라의 국력이 뒷받침돼야 하죠. 그래서 역사를 보면 미국, 영국, 프랑스 등 강대국의 통화가 기축통화 역할을 담당해 왔어요. 현재 미국과 중국이 세계 경제의 양대 축으로 자리 잡으면서 중국은 달러가 지키고 있던 기축통화 위치에 도전장을 내밀었어요. 기축통화에 어떤 변화가 생길지 관심을 갖고 지켜볼 일이에요.

핵심 단어 찾기 빈칸에 들어갈 알맞은 단어를 찾아 ☑ 표 하세요.

- 나라 사이에 이루어지는 국제 거래에서 기준이 되는 통화를 ( )라고 해요.
- 지금 전 세계에서 가장 많이 쓰이는 기축통화는 ( )예요.

☐ 기축통화
☐ 보조화폐
☐ 중국의 위안화
☐ 미국의 달러

꼼꼼히 읽기 기축통화에 대한 설명으로 틀린 것을 고르세요. ( )

① 달러는 2023년 11월 기준으로 전체 국제 결제 중 47%에 쓰였다.
② 국제 결제 통화 2위는 유럽연합의 유로, 3위는 영국의 파운드이다.
③ 2023년 중국과 우리나라의 무역에서 위안화로 결제하는 금액이 전년보다 감소했다.

어휘 익히기 다음 초성 힌트와 설명을 보고 해당하는 어휘를 적어 보세요.

- ㅌㅎ   유통 수단이나 지불 수단으로서 기능하는 화폐.
- ㄱㅈ   대금을 주고받아 매매 당사자 사이의 거래 관계를 끝맺는 일.
- ㄱㄹ   한 나라가 지닌 정치, 경제, 문화, 군사 등 모든 방면에서의 힘.

요약 정리하기 괄호 안에 알맞은 말을 넣어 기사를 요약해 보세요.

( )는 자유롭게 다른 통화로 교환할 수 있어야 하고 통화로서 가치도 안정적이어야 해요. 미국과 함께 세계 경제의 양대 축인 중국이 달러가 지키고 있던 ( ) 위치에 도전장을 내밀었어요.

생각 곱씹기 앞으로 위안화는 기축통화가 될 수 있을까요? 여러분의 의견을 적어 보세요.

PB 상품, 왜 이렇게 잘나갈까?

> **미리보기사전**
>
> **PB(Private Brand) 상품**
> 유통업체가 제조업체와 협력 생산해 마케팅과 유통 비용을 줄이고 소비자 가격을 낮춘 상품이에요. 다이소 상품과 이마트의 '노브랜드', 롯데마트의 '온리프라이스' 등이 있어요.

다이소와 편의점, 대형 마트에 가면 PB 상품을 만날 수 있어요. PB 상품은 유통업체에서 자체적으로 개발한 상품인데요, 물가가 크게 오르면서 PB 상품의 매출이 대폭 늘었어요. 이는 고물가 시대 소비자가 브랜드보다 가성비를 우선시한다는 점을 나타내요.

PB 상품 시장은 전년보다 11.8% 성장

2024년 2월 대한상공회의소가 발표한 '유통업체 PB 상품 매출' 조사 결과를 보면, 2023년 국내 PB 상품 시장은 2022년 대비 11.8%나 성장했어요. PB 상품은 일반 브랜드 제품에 비해 가격 면에서 적게는 20%, 많게는 절반 정도 저렴하다고 알려졌어요. PB 상품의 성장은 특히 식품 부문에서 두드러졌어요. 식품 성장률은 12.4%로, 특히 가정간편식(HMR) PB 상품이 인기를 끌면서 즉석 국과 찌개 매출은 PB 상품이 일반 브랜드 상품을 앞질렀어요.

저렴한 균일가 PB 상품으로 성장 중인 다이소

어린 세대 사이에서는 다이소의 PB 상품이 인기를 끌고 있어요. 다이소는 상품 개발 단계부터 참여하고 대량으로 구매하기 때문에 PB 상품을 값싸게 판매할 수 있어요. 그 영향인지 3년 사이에 점포가 180개나 늘었어요. 최근 다이소에서 인기를 끄는 PB 상품은 화장품이에요. 10대와 20대가 가성비 좋은 PB 화장품을 다이소에서 구매하고 있지요. 다이소는 저렴한 균일가 정책을 유지하며 뷰티 제품의 구매 연령대를 낮췄어요. 대한상공회의소는 국내 PB 상품 시장이 앞으로도 성장할 것이라고 내다봤어요.

핵심 단어 찾기 — 빈칸에 들어갈 알맞은 단어를 찾아 ☑ 표 하세요.

- 유통업체가 제조업체와 협력 생산해 마케팅과 유통 비용을 줄이고 소비자 가격을 낮춘 상품을 (　　)이라고 해요.
- PB 상품의 매출이 대폭 늘어난 것은 고물가 시대 소비자가 브랜드보다 (　　)를 우선시한다는 점을 나타내요.

☐ PB 상품
☐ 미끼 상품
☐ 인지도
☐ 가성비

꼼꼼히 읽기 — PB 상품에 대한 설명으로 틀린 것을 고르세요. (　　)

① 대한상공회의소에 따르면 2023년 국내 PB 상품 시장은 2022년 대비 11.8%나 감소했다.
② PB 상품은 일반 브랜드 제품에 비해 많게는 절반 정도 저렴하다.
③ PB 상품의 성장은 특히 식품 부문에서 두드러졌다.

어휘 익히기 — 다음 초성 힌트와 설명을 보고 해당하는 어휘를 적어 보세요.

- ㅁㅋㅌ　제품을 생산자에서 소비자로 원활하게 이전하려는 기획 활동. 시장 조사, 상품화 계획, 선전, 판매 촉진 등이 있다.
- ㅇㅌ　상품 등이 생산자에서 소비자에게 옮겨 가는 여러 단계 과정.
- ㄱㅇㄱ　품질이나 품종과 상관없이 동일하게 매긴 가격.

요약 정리하기 — 괄호 안에 알맞은 말을 넣어 기사를 요약해 보세요.

다이소의 (　　　　)이 인기를 끌고 있어요. 다이소는 상품 개발 단계부터 참여하고 대량으로 구매하기 때문에 (　　　　)을 값싸게 판매할 수 있어요.

생각 곱씹기 — PB 상품을 구입해 본 적이 있나요? 상품명과 구입 이유를 적어 보세요.

_____

_____

45

어휘 한눈에 보기

경제 기사에 등장한 한자어와 순우리말 어휘를 정리했어요. 한자처럼 보이지만 순우리말인 경우도 있고 순우리말처럼 보이는 말이 한자어인 경우도 있으니 꼼꼼하게 살펴보세요.

경제 기사에서 눈여겨보면 좋을 한자어

납부
納 들일 납
付 줄 부
세금이나 공과금 등을 관계 기관에 냄.

독려
督 살필 독
勵 힘쓸 려(여)
감독하며 격려함.

수출
輸 보낼 수
出 날 출
국내의 상품이나 기술을 외국으로 팔아 내보냄.

부채
負 짐 질 부
債 빚 채
남에게 빚을 짐. 또는 그 빚.

소득
所 바 소
得 얻을 득
근로 사업이나 자산의 운영 등에서 얻는 수입.

서열
序 차례 서
列 벌일 열
일정한 기준에 따라 순서대로 늘어섬. 또는 그 순서.

수입
收 거둘 수
入 들 입
돈이나 물품 등을 거두어들임. 또는 그 돈이나 물품.

감소
減 덜 감
少 적을 소
양이나 수치가 줆.

자산
資 재물 자
産 낳을 산
개인이나 법인이 가진 경제적 가치가 있는 유·무형의 재산.

관세
關 빗장 관
稅 세금 세
수출·수입되거나 통과되는 화물에 대하여 부과하는 세금.

부과
賦 구실 부
課 시험할 과
세금이나 부담금 등을 매기어 부담하게 함.

가치
價 값 가
値 값 치
사물이 지니고 있는 쓸모.

가격
價 값 **가**
格 격식 **격**

물건의 가치를 돈으로 나타낸 것.

시장
市 시장 **시**
場 마당 **장**

상품으로서 재화와 서비스의 거래가 이뤄지는 영역.

거래
去 갈 **거**
來 올 **래(내)**

주고받음. 또는 사고팖.

매출
賣 팔 **매**
出 날 **출**

물건 등을 내다 파는 일.

성장
成 이룰 **성**
長 길 **장**

사물의 규모나 세력 등이 점점 커짐.

가성비
價 값 **가**
性 성품 **성**
比 견줄 **비**

'가격 대비 성능의 비율'을 줄여 이르는 말.

경제 기사에서 눈여겨보면 좋을 순우리말

- **살림** 국가나 집단의 재산을 관리하고 경영하는 일.
- **떠오르다** 관심의 대상이 되어 나타나다.
- **꾸준히** 한결같이 부지런하고 끈기가 있는 태도로.
- **제치다** 경쟁 상대보다 우위에 서다.
- **애쓰다** 마음과 힘을 다하여 무엇을 이루려고 힘쓰다.
- **서두르다** 일을 빨리 해치우려고 급하게 바삐 움직이다.
- **차지하다** 비율, 비중 등을 이루다.
- **벌어지다** 어떤 일이 일어나거나 진행되다.
- **바람직하다** 바랄 만한 가치가 있다.
- **문턱** 어떤 일이 시작되거나 이루어지려는 무렵을 비유적으로 이르는 말.
- **대략** 대충 어림잡아서.
- **두텁다** 신의, 믿음, 관계, 인정 등이 굳고 깊다.

세계

- G2
- 브릭스
- 농민 시위
- 팔레스타인
- 군주제

방글라데시 의류 노동자의 외침

미리보기 사전

의류 노동자
의류 만드는 일을 하는 노동자를 말해요.

2023년 방글라데시에서 의류 노동자들이 시위에 나섰어요. 시위대와 경찰이 충돌해 4명이 숨지기도 했는데, 왜 이런 일이 일어났을까요?

다른 나라보다 적은 비용으로 옷을 만드는 방글라데시

방글라데시에는 옷을 만드는 의류 기업이 많아요. 중국에 이어 세계에서 두 번째로 옷을 많이 수출하는 나라인 만큼 무려 노동자 400만 명이 의류 산업에 종사하고 있어요. 방글라데시에 의류 기업이 많은 것은 노동자의 임금이 다른 나라보다 적기 때문이에요. 기업 입장에서는 인건비가 적게 들어 값싸게 옷을 만들 수 있는 거예요.

노동자들은 적은 임금으로 살기 힘들다며 시위

하지만 임금이 너무 적다 보니 노동자들이 살기 힘들다며 최저임금을 올려 달라고 시위를 벌였어요. 노동자들은 물가 상승분을 감안해 현재 월 최저임금인 8,000타카(약 9만 6,000원)를 2만 3,000타카(약 27만 5,000원)로 올려 달라고 요구했어요. 시위가 격해지자 정부는 월 최저임금을 1만 2,500타카(약 14만 9,000원)로 올려 주겠다는 인상안을 제시했어요. 하지만 노동자들은 정부의 인상안이 턱없이 부족하다며 시위를 계속 이어 갔어요. 결국 그동안 방글라데시에서 값싼 옷을 납품받던 스웨덴 의류 기업 H&M은 노동자의 임금이 오른 만큼 방글라데시 의류 기업에 생산비를 더 주기로 했어요.

핵심 단어 찾기 빈칸에 들어갈 알맞은 단어를 찾아 ☑ 표 하세요.

- 2023년 방글라데시에서는 (　　)의 시위가 이어졌고, 시위대와 경찰이 충돌해 4명이 숨졌어요.

- 세계에서 첫째로 옷을 많이 수출하는 나라는 (　　)이에요.

☐ 대학생
☐ 의류 노동자
☐ 중국
☐ 인도

꼼꼼히 읽기 방글라데시 의류 노동자에 대한 설명으로 틀린 것을 고르세요. (　　)

① 방글라데시에서는 노동자 400만 명이 의류 산업에 종사하고 있다.
② 방글라데시에 의류 기업이 많은 것은 노동자의 임금이 다른 나라보다 적기 때문이다.
③ 방글라데시 의류 노동자들은 주말에도 일하게 해 달라고 시위를 벌였다.

어휘 익히기 다음 초성 힌트와 설명을 보고 해당하는 어휘를 적어 보세요.

- ㅊㅈㅇㄱ　　노동자에게 그 아래로 지급하여서는 안 된다고 정한 임금의 액수.

- ㅇㅅㅇ　　물건값, 임금 등을 올리는 데 관한 구상이나 계획.

- ㄴㅍ　　계약한 곳에 주문받은 물품을 가져다줌.

요약 정리하기 괄호 안에 알맞은 말을 넣어 기사를 요약해 보세요.

방글라데시 노동자들은 (　　)이 너무 적어 살기 힘들다며 시위를 벌였어요. 결국 스웨덴 의류 기업 H&M은 노동자의 (　　)이 오른 만큼 방글라데시 의류 기업에 생산비를 더 주기로 했어요.

생각 곱씹기 2024년 우리나라의 최저임금은 시간당 9,860원이에요. 이 최저임금이 적당한 것 같나요?

월드컵에 네 팀이나 출전하는 나라

미리 보기 사전

월드컵
4년마다 열리는 세계 축구 선수권 대회를 말해요. 우리나라에서 열린 2002년 한일 월드컵에서는 우리 대표팀이 4강에 오르기도 했어요.

다음 월드컵은 2026년에 캐나다·미국·멕시코에서 열리는 2026 북중미 월드컵이에요. 2026 북중미 월드컵에 참가하려는 대륙별 예선은 이미 시작되었는데요. 영국은 무려 네 팀이 예선에 참가하고 있어요. 한 나라에서 네 팀이라니, 어떻게 된 일일까요?

축구 종주국에 주어진 특혜

영국은 잉글랜드, 스코틀랜드, 웨일스, 북아일랜드, 네 개 지방정부가 하나로 묶인 나라예요. 각 지방정부에는 축구협회가 따로 존재해요. 1904년 국제축구연맹(FIFA)이 생기기 전부터 영국에는 네 개 축구협회가 따로 활동하고 있었지요. 그래서 국제축구연맹에도 따로 가입하게 된 거예요. 국제축구연맹 가입은 한 국가당 한 축구협회가 원칙이지만, 영국의 네 개 축구협회에는 예외 조항을 두었어요. 영국이 축구 종주국이기에 이런 혜택을 주었고, 국제축구연맹 회원국의 동의를 얻어 결정한 거예요.

네 팀이나 출전하니 이득일까?

네 개 팀이나 출전하는 것이 특혜 같지만 약점이기도 해요. 한 팀만 출전하면 우수한 선수가 모두 한 팀으로 모이는데, 네 팀으로 나뉘니까 우수한 선수들이 각 팀으로 나뉘면서 그만큼 팀의 전력이 약해지거든요. 그래서인지 그동안 영국 네 팀의 월드컵 성적은 그리 좋지 않았어요. 잉글랜드만 1966년에 한 번 우승했고, 나머지 세 팀은 좋지 않은 성적을 거두었답니다.

핵심 단어 찾기 빈칸에 들어갈 알맞은 단어를 찾아 ✓ 표 하세요.

- 4년마다 열리는 세계 축구 선수권 대회를 (   )이라고 해요.
- 월드컵 예선에 (   )은 네 개 팀으로 나뉘어 참가해요.

☐ 월드컵
☐ 올림픽
☐ 영국
☐ 미국

꼼꼼히 읽기 월드컵과 영국에 대한 설명으로 틀린 것을 고르세요. (   )

① 2025년에는 캐나다·미국·멕시코에서 2025 북중미 월드컵이 열린다.
② 영국은 네 개 지방정부가 하나로 묶인 나라이다.
③ 영국의 네 개 팀 가입은 국제축구연맹 회원국의 동의를 얻었다.

어휘 익히기 다음 초성 힌트와 설명을 보고 해당하는 어휘를 적어 보세요.

- ㅇㅅ   본선에 나갈 선수나 팀을 뽑음.
- ㅈㅈㄱ   문화적 현상과 같은 어떤 대상이 처음 시작한 나라.
- ㅈㄹ   전투나 경기를 할 수 있는 능력.

요약 정리하기 괄호 안에 알맞은 말을 넣어 기사를 요약해 보세요.

영국은 잉글랜드, 스코틀랜드, 웨일스, 북아일랜드, 네 개 (   )가 하나로 묶인 나라예요. 각 (   )에 축구협회가 따로 존재하고, 국제축구연맹이 생기기 전부터 따로 활동하고 있었어요.

생각 곱씹기 우리나라도 강원도 팀, 경상도 팀, 전라도 팀, 충청도 팀 등 여러 팀으로 선수를 나누어 월드컵에 출전하면 어떨까요? 찬성, 반대 중 하나를 선택해 이유와 함께 적어 보세요.

_____

_____

파리 올림픽은 양성평등 올림픽

미리 보기 사전

파리 올림픽
2024년 여름 프랑스 파리에서 열리는 제33회 하계 올림픽을 말해요. 1924년 제8회 하계 올림픽을 개최했던 파리가 100년 만에 여는 올림픽이기도 해요.

2024년 한여름, 전 세계 사람들은 올림픽에 빠져들 거예요. 7월 26일부터 8월 11일까지 프랑스 파리에서 하계 올림픽이 열리거든요!

탄소 배출을 줄이는 올림픽

이번 파리 올림픽에서는 32개 종목에서 329가지 경기가 열리게 돼요. 2024 파리 올림픽은 친환경을 표방하고 있어요. 2024년 2월에 공개된 올림픽 선수촌에는 탄소 배출을 줄이려고 건축 과정에서 목재 같은 바이오 소재를 적극 활용했고, 실내에는 에어컨 대신 선풍기 8,200개를 설치할 예정이에요. 전기 공급원으로는 지열과 태양열 등 청정에너지를 활용할 계획이에요.

완전히 개방된 대회

이번 파리 올림픽의 슬로건은 양성평등과 포용을 강조한 '완전히 개방된 대회(Games Wide Open)'예요. 국제올림픽위원회(IOC)는 파리 올림픽에 참가하는 선수 1만 500명이 남녀 같은 수인 5,250명으로 구성될 거라고 발표했어요. 그동안 국제올림픽위원회는 양성평등을 구현하고자 여성 출전 종목과 혼성 종목 수를 늘려 왔어요. 지난 도쿄 올림픽에서 양궁과 유도, 육상에 혼성 종목을 도입했고, 이번 파리 올림픽에서는 육상에 경보 혼성 계주가 도입될 예정이에요. 태극 마크를 달고 파리 올림픽에서 뛰게 될 우리 국가대표 선수들을 응원해 주세요.

핵심 단어 찾기 빈칸에 들어갈 알맞은 단어를 찾아 ☑ 표 하세요.

- 파리 올림픽은 2024년 여름에 열리는 제33회 (　　) 이에요.
- 파리 올림픽은 1924년에 제8회 하계 올림픽을 개최했던 파리가 (　　) 만에 여는 올림픽이기도 해요.

☐ 하계 올림픽
☐ 동계 올림픽
☐ 100년
☐ 90년

꼼꼼히 읽기 파리 올림픽에 대한 설명으로 틀린 것을 고르세요. (　　)

① 2024년 7월 26일부터 8월 11일까지 프랑스 파리에서 하계 올림픽이 열린다.
② 이번 파리 올림픽에서는 32개 종목에서 329가지 경기가 열린다.
③ 올림픽 선수촌에는 탄소 배출을 줄이려고 선풍기 대신 에어컨을 설치할 예정이다.

어휘 익히기 다음 초성 힌트와 설명을 보고 해당하는 어휘를 적어 보세요.

- ㅅㄹㄱ　　어떤 단체의 주의와 주장을 간결하게 나타낸 짧은 어구.
- ㅇㅅㅍㄷ　양쪽 성별에 권리, 의무, 자격 등이 차별 없이 고르고 한결같음.
- ㅎㅅ　　　남성과 여성이 함께 섞임.

요약 정리하기 괄호 안에 알맞은 말을 넣어 기사를 요약해 보세요.

파리 올림픽의 슬로건은 (　　　　) 과 (　　　) 을 강조한 (　　　　　　) 예요. 국제올림픽위원회는 파리 올림픽에 참가하는 선수 1만 500명이 남녀 같은 수인 5,250명으로 구성될 거라고 발표했어요.

생각 곱씹기 파리 올림픽에서 가장 보고 싶은 종목은 무엇인가요? 이유와 함께 적어 보세요.

55

홍해가 막히면 중국이 이득이라고?

> **미리보기사전**
> **홍해**
> 아프리카 동북부와 아라비아반도 사이에 있는 바다예요. 아시아와 유럽을 이어 주는 중요 항로이고, 바닷속 해조류 때문에 붉은빛을 띠어서 홍해라고 불려요.

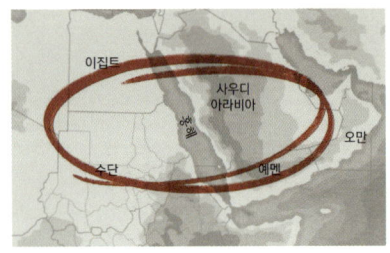

홍해와 지중해를 연결하는 지점이 수에즈 운하예요. 이집트 동북부에 있는 수에즈 운하는 아시아와 유럽을 연결하는 최단 항로예요. 많은 상선이 수에즈 운하를 통해 유럽이나 아시아로 오가고 있어요. 그런데 최근 이곳의 분위기가 심상치 않다고 해요. 무슨 일일까요?

예멘의 후티 반군이 홍해 장악해

세계 교역량의 약 15%를 차지하는 홍해에 위기가 닥친 것은 2023년 11월부터예요. 예멘의 후티 반군이 홍해를 지나는 상선을 드론과 미사일 등으로 공격하거나 납치하기 시작했거든요. 후티 반군은 팔레스타인 가자지구에 대한 이스라엘의 공격을 멈추기 위해서라는 명분을 내세웠어요. 하지만 실제로는 이스라엘과 관계없는 선박까지도 공격했고, 이로써 세계 물류에 심각한 혼란을 가져왔어요. 홍해가 막히자 상선들은 아프리카 최남단 희망봉까지 내려갔다가 다시 올라오는 먼 길을 택했어요. 길이 멀어지니 시간이 더 걸리고 운송비도 전보다 다섯 배 넘게 올랐어요.

중국과 유럽을 잇는 철도가 대안

이에 중국이 반사 이익을 누리고 있어요. 중국에서 출발해 중앙아시아를 거쳐 유럽으로 향하는 철도로 화물을 운송하는 양이 늘었기 때문이에요. 이 철도를 이용하면 중국에서 폴란드까지 16일이면 도착해요. 평균 26일이 걸리는 홍해 운송이나 36일가량 걸리는 희망봉 운송보다 훨씬 짧은 기간이에요. 해상 운송보다 운송량이 적고 운송료가 비싸다는 점은 한계로 꼽히고 있어요.

핵심 단어 찾기 빈칸에 들어갈 알맞은 단어를 찾아 ✓ 표 하세요.

- 아프리카 동북부와 아라비아반도 사이에 있는 바다를 (　　) 라고 해요.

☐ 흑해
☐ 홍해

- 이집트 동북부에 있는 (　　) 는 아시아와 유럽을 연결하는 최단 항로예요.

☐ 수에즈 운하
☐ 파나마 운하

꼼꼼히 읽기 홍해에 대한 설명으로 틀린 것을 고르세요. (　　)

① 홍해는 세계 교역량의 약 15%를 차지한다.
② 홍해가 막히자 영국이 반사 이익을 누리고 있다.
③ 홍해가 막히자 상선들은 아프리카 최남단 희망봉까지 내려갔다가 다시 올라오는 먼길을 택했다.

어휘 익히기 다음 초성 힌트와 설명을 보고 해당하는 어휘를 적어 보세요.

- ㅇㅎ　　배를 운항하려고 육지에 파 놓은 물길.

- ㅂㄱ　　반란을 일으킨 군대.

- ㅇㅅ　　사람을 태워 보내거나 물건을 실어 보냄.

요약 정리하기 괄호 안에 알맞은 말을 넣어 기사를 요약해 보세요.

홍해 항로가 막히자 (　　)이 반사 이익을 누리고 있어요. (　　)에서 출발해 중앙아시아를 거쳐 유럽으로 향하는 철도로 화물을 운송하는 양이 늘었기 때문이에요.

생각 곱씹기 우리나라에서 중국까지 철도로 연결되면 어떤 일이 벌어질까요? 상상해서 적어 보세요.

_____

_____

미국과 중국의 격차가 커지다

> **미리 보기 사전**
>
> **G2**(Group of Two)
> 전 세계에 영향력을 행사하는 두 나라, 즉 미국과 중국을 가리키는 말이에요.

미국과 중국을 G2라고 해요. 세계의 질서를 이끌어 가는 두 나라가 미국과 중국이라는 말인데요. 두 나라가 얼마나 큰 영향력을 발휘하고 있는 걸까요?

전 세계 국내 총생산의 25%는 미국

2023년 국제통화기금(IMF)이 전 세계 국내 총생산(GDP) 규모를 조사해 발표했어요. 전 세계 국내 총생산 중 25.54%를 기록하며 1위를 차지한 나라는 미국이었어요. 전 세계 국내 총생산의 무려 1/4을 담당한 거예요. 그러면 2위는 어느 나라일까요? 바로 중국이에요. 중국은 전 세계 국내 총생산 중 18.43%를 담당했어요. 미국과 중국의 국내 총생산을 합치면 전 세계 국내 총생산의 44%에 육박하는 셈이에요.

중국 인구는 미국 인구의 4배

지금은 중국이 국내 총생산 2위이지만 2024년 기준으로 인구가 14억 2,517만 명에 달해, 중국의 1인 소득이 조금씩만 올라도 미국의 국내 총생산을 뛰어넘을 수 있어요. 미국 인구의 4배가 넘기 때문이에요. 그런데 최근 중국 상황은 녹록지 않아요. 2023년 수출이 2022년보다 4.6%나 줄어 7년 만에 수출 감소로 돌아섰거든요. 전 세계적으로 수요가 줄면서 '세계의 제조 공장'이라 불리는 중국의 성장 동력이 약해졌다는 분석이 나왔어요. 앞으로 중국이 미국과 간격을 좁혀 명실상부한 G2로 거듭날지 지켜봐야겠어요.

핵심 단어 찾기 빈칸에 들어갈 알맞은 단어를 찾아 ✓ 표 하세요.

- 전 세계에 영향력을 행사하는 두 나라, 미국과 (　) 을 G2라고 해요.

  ☐ 중국
  ☐ 일본

- 전 세계 국내 총생산의 25.54%를 차지한 나라는 (　) 이었어요.

  ☐ 미국
  ☐ 중국

꼼꼼히 읽기 G2에 대한 설명으로 틀린 것을 고르세요. (　)

① 전 세계 국내 총생산의 25.54%를 담당하며 1위를 차지한 나라는 미국이다.
② 전 세계 국내 총생산의 18.43%를 담당하며 2위를 차지한 나라는 중국이다.
③ 미국의 인구는 14억 2,517만 명으로 중국 인구의 4배가 넘는다.

어휘 익히기 다음 초성 힌트와 설명을 보고 해당하는 어휘를 적어 보세요.

- ㅇㅎㄹ　　　어떤 사물의 효과나 작용이 다른 것에 미치는 힘.

- ㄷㄹ　　　어떤 일을 발전시키고 밀고 나가는 힘.

- ㅁㅅㅅㅂ　　　이름과 실상이 서로 꼭 맞음.

요약 정리하기 괄호 안에 알맞은 말을 넣어 기사를 요약해 보세요.

미국은 전 세계 국내 총생산의 25.54%를 기록하며 1위를 차지했어요. 중국은 전 세계 국내 총생산의 18.43%를 담당했어요. (　　)인 미국과 중국의 국내 총생산을 합치면 전 세계 국내 총생산의 44%에 육박해요.

생각 곱씹기 G2인 미국과 중국의 별명을 지어 보고 그 이유를 적어 보세요.

_____

_____

미국의 영토가 된 알래스카

미리 보기 사전

알래스카
캐나다 서북부에 있는 미국의 주예요. 미국의 다른 주와는 떨어져 있어요. 동쪽은 캐나다와 접하고, 서쪽으로는 베링 해협을 사이에 두고 러시아와 마주 보고 있어요.

북아메리카 지도를 보면 캐나다 북서쪽으로 툭 튀어나온 땅이 있어요. 바로 알래스카예요. 미국 본토와 떨어져 있지만 미국의 50개 주 중 한 주인 알래스카는 어떻게 미국 땅이 되었을까요?

알류트족의 땅에 쳐들어온 러시아

알래스카는 알류트족이 살던 땅이에요. 알래스카란 명칭도 알류트족의 말에서 왔는데요, '바다의 움직임이 향하고 있는 땅'이라는 의미예요. 17세기 중엽 러시아 탐사대가 베링 해협을 넘어 알류트족이 살던 알래스카로 쳐들어와 알래스카를 식민지 삼은 뒤로 알래스카는 러시아 땅이 되었어요. 그러다 1853년 크리미아 전쟁이 벌어지고 전쟁에서 참패한 러시아는 재정난에 허덕이게 됐어요. 또 크리미아 전쟁 당시 영국 해군이 알래스카를 공격하면서 러시아는 방어하기 어려운 알래스카를 힘들게 갖고 있느니 팔기로 결정했어요.

720만 달러에 미국 땅이 된 알래스카

러시아는 1867년 10월 단돈 720만 달러에 알래스카를 미국에 넘겼어요. 결국 알래스카는 1959년 7월 미국의 49번째 주로 편입되었지요. 그런데 그 뒤로 알래스카에서 금과 석유, 석탄이 나오기 시작했어요. 또 미국에는 사이가 나빠진 러시아를 견제하는 요새로서 알래스카가 안성맞춤이었어요. 한반도의 7배이며, 미국 전체 면적의 약 5분의 1에 해당하는 알래스카 땅에는 인구 73만 명이 살고 있어요.

핵심 단어 찾기 빈칸에 들어갈 알맞은 단어를 찾아 ✓ 표 하세요.

- ( )는 캐나다 서북부에 있는 미국의 주예요.

- 알래스카는 ( )이 살던 땅이에요. 알래스카란 명칭도 ( )의 말에서 왔으며 '바다의 움직임이 향하고 있는 땅'이라는 의미예요.

☐ 하와이
☐ 알래스카
☐ 알류트족
☐ 프랑스인

꼼꼼히 읽기 알래스카에 대한 설명으로 틀린 것을 고르세요. ( )

① 17세기 중엽 러시아 탐사대가 베링 해협을 넘어 알래스카로 쳐들어와 알래스카를 식민지로 삼았다.
② 1853년 크리미아 전쟁에서 승리한 러시아는 재정난에 허덕이게 됐다.
③ 크리미아 전쟁 당시 영국 해군이 알래스카를 공격했다.

어휘 익히기 다음 초성 힌트와 설명을 보고 해당하는 어휘를 적어 보세요.

- ㅎ ㅎ   육지 사이에 끼어 있는 좁고 긴 바다.

- ㅅ ㅁ ㅈ   정치적·경제적으로 다른 나라에 예속되어 국가로서 주권을 상실한 나라.

- ㅈ ㅈ ㄴ   재정이 부족하여 생기는 어려움.

요약 정리하기 괄호 안에 알맞은 말을 넣어 기사를 요약해 보세요.

러시아는 1867년 10월 단돈 720만 달러에 ( )를 미국에 넘겼어요. 결국 ( )는 1959년 7월 미국의 49번째 주로 편입되었어요.

생각 곱씹기 러시아가 알래스카를 미국에 팔지 않았다면 어떤 일이 벌어졌을까요?

_____

_____

빅맥 가격으로 물가 비교 가능!

> **미리보기사전**
>
> **빅맥 지수**
> 맥도날드 햄버거의 대표 메뉴인 빅맥 가격을 바탕으로 각국의 물가와 통화 가치를 평가하는 지수를 말해요. 영국 경제 전문지 〈이코노미스트〉가 매년 1월과 7월에 발표해요.

전 세계에 4만 1,000여 개 점포를 갖고 있는 햄버거 전문점 맥도날드. 이곳에서 판매하는 대표 메뉴는 빅맥이에요. 이 빅맥의 가격으로 각국의 물가를 비교할 수 있다고 해요. 그렇다면 빅맥이 제일 비싼 나라는 어디일까요?

빅맥 가격으로 판단하는 물가

1986년 영국 경제지 〈이코노미스트〉 기사에서 빅맥 지수를 처음 언급했어요. 전 세계 어느 매장에서나 동일하게 판매하는 빅맥의 나라별 가격을 비교함으로써 각 나라의 물가와 통화 가치를 비교할 수 있다는 건데요, 빅맥 지수는 전 세계에서 판매되는 빅맥의 현지 가격을 달러로 환산한 가격이에요. 예를 들어 미국의 빅맥 지수가 6달러이고, 우리나라의 빅맥 지수가 5달러이면 미국이 우리나라보다 물가가 비싸다는 거예요.

빅맥 지수 1위는 스위스

2023년 7월 기준으로 빅맥 지수가 가장 높은 나라는 스위스예요. 우리 돈으로 1만 130원을 내야 빅맥을 먹을 수 있어요. 미국은 7,570원, 영국은 6,870원, 싱가포르는 6,380원, 우리나라는 5,200원이었어요. 우리나라보다 빅맥 지수가 낮은 나라는 중국 4,630원, 일본 4,060원 등이에요. 빅맥 지수가 클수록 물가가 상대적으로 더 비싸다고 판단해요. 해외여행을 갈 때 빅맥 지수가 낮은 나라를 선택하면 같은 비용으로 더 풍족하게 여행을 즐길 수 있겠죠? 빅맥 지수와 비슷한 지표로는 스타벅스의 톨 사이즈 카페라테를 기준으로 평가한 '스타벅스 지수'가 있어요.

핵심 단어 찾기 빈칸에 들어갈 알맞은 단어를 찾아 ✓ 표 하세요.

- ( )는 맥도날드 햄버거의 대표 메뉴인 빅맥 가격을 바탕으로 각국의 물가와 통화 가치를 평가하는 지수를 말해요.
- 비슷한 지표로 ( )의 톨 사이즈 카페라테를 기준으로 평가하는 것도 있어요.

☐ 햄버거 지수
☐ 빅맥 지수
☐ 맥도날드
☐ 스타벅스

꼼꼼히 읽기 빅맥 지수에 대한 설명으로 틀린 것을 고르세요. ( )

① 빅맥 지수는 전 세계에서 판매되는 빅맥의 현지 가격을 달러로 환산한 가격이다.
② 빅맥 지수가 높으면 빅맥 지수가 낮은 나라보다 물가가 상대적으로 싼 것이다.
③ 2023년 7월 기준 빅맥 지수가 가장 높은 나라는 스위스이다.

어휘 익히기 다음 초성 힌트와 설명을 보고 해당하는 어휘를 적어 보세요.

- ㅂㄱ 둘 이상의 사물을 견주어 유사점, 차이점 등을 고찰하는 일.
- ㅁㄱ 물건의 값. 여러 가지 상품이나 서비스의 가치를 종합적이고 평균적으로 본 개념이다.
- ㅎㅅ 어떤 단위나 척도로 된 것을 다른 단위나 척도로 고쳐서 헤아림.

요약 정리하기 괄호 안에 알맞은 말을 넣어 기사를 요약해 보세요.

( )가 클수록 물가가 상대적으로 더 비싸다고 판단해요. 해외여행을 갈 때 ( )가 낮은 나라를 선택하면 같은 비용으로 더 풍족하게 여행을 즐길 수 있어요.

생각 곱씹기 빅맥 외에 다른 나라와 물가를 비교할 수 있는 상품에는 무엇이 있을까요? 한 가지만 적어 보세요.

지금도 왕이 나라를 다스린다고?

미리 보기 사전

군주제
왕위를 물려받은 군주가 나라를 다스리는 정치 형태를 말해요. 군주제는 입헌 군주제와 전제 군주제로 나뉘어요.

2024년에 카타르 국왕이 우리나라를 방문해 대통령과 정상회담을 한다고 하는데요, 지금도 왕이 다스리는 나라가 있다니 놀라워요. 전 세계에서 왕이 다스리는 나라는 얼마나 될까요?

왕보다 의회의 권한이 더 큰 입헌 군주제

왕이 나라를 다스리는 군주제는 형태에 따라 입헌 군주제와 전제 군주제로 나뉘어요. 입헌 군주제는 왕의 권한이 헌법으로 제한되는 형태예요. 표면상으로는 왕의 위치가 가장 높지만 실제로는 왕도 헌법을 따라야 하는 거죠. 이 헌법은 국민의 대표인 의회가 합의해서 만들고요. 그러니까 왕보다 의회의 권한이 더 큰 셈이에요. 그래서 실제로 나라 정책을 집행하는 것은 국민이 선출한 총리와 의회가 담당해요. 입헌 군주제를 유지하는 나라는 영국, 스페인, 네덜란드, 스웨덴, 일본, 말레이시아 등이에요.

왕이 절대 권력을 갖는 전제 군주제

전제 군주제는 왕이 막강한 권한을 갖는 형태예요. 절대 권력을 가진 왕이 법의 견제 없이 정치, 경제 등 모든 권력을 행사하는 것이죠. 우리 역사 속에 등장하는 신라, 고려, 조선의 정치 형태가 모두 전제 군주제였어요. 현재 입헌 군주제를 유지하는 나라도 과거에는 전제 군주제였던 나라가 대부분이에요. 전 세계에서 전제 군주제를 유지하는 나라는 카타르, 사우디아라비아, 브루나이 등이에요.

핵심 단어 찾기 빈칸에 들어갈 알맞은 단어를 찾아 ☑ 표 하세요.

- 왕위를 물려받은 군주가 나라를 다스리는 정치 형태를 (　　) 라고 해요.

- 입헌 군주제는 왕의 권한이 (　　) 으로 제한되는 형태예요.

☐ 군주제
☐ 민주제
☐ 자본
☐ 헌법

꼼꼼히 읽기 군주제에 대한 설명으로 틀린 것을 고르세요. (　　)

① 군주제는 형태에 따라 입헌 군주제와 전제 군주제로 나뉜다.
② 입헌 군주제에서 표면상으로는 왕의 위치가 가장 높지만 실제로는 왕도 헌법을 따라야 한다.
③ 신라, 고려, 조선의 정치 형태는 모두 입헌 군주제였다.

어휘 익히기 다음 초성 힌트와 설명을 보고 해당하는 어휘를 적어 보세요.

- ㅇㅎ　　헌법을 제정함.

- ㄱㅎ　　어떤 사람이나 기관의 권리와 권력이 미치는 범위.

- ㄱㅈ　　일정한 작용을 가함으로써 상대편이 지나치게 세력을 펴거나 자유롭게 행동하지 못하게 억누름.

요약 정리하기 괄호 안에 알맞은 말을 넣어 기사를 요약해 보세요.

(　　　　　) 는 왕의 권한이 헌법으로 제한되는 형태이고, (　　　　　) 는 왕이 막강한 권한을 갖는 형태예요.

생각 곱씹기 우리나라가 조선 시대처럼 전제 군주제로 바뀐다면 어떤 일이 벌어질까요?

_____

_____

안녕하세요, 브릭스 신입 회원입니다

> **미리보기 사전**
>
> **브릭스**(BRICS: Brazil, Russia, India, China, Republic of South Africa)
> 2000년대에 빠른 경제 성장을 보이는 브라질, 러시아, 인도, 중국, 남아프리카공화국이 모인 국제 조직을 말해요. 각 나라 이름의 첫 자를 따와서 브릭스라고 불러요.

신흥 경제 5개국 모임인 브릭스에 2024년 1월 다섯 나라가 새 회원국으로 들어왔어요. 사우디아라비아, 아랍에미리트, 이집트, 이란, 에티오피아가 바로 브릭스의 새 회원국인데요, 브릭스가 어떤 모임이기에 이렇게 갑자기 회원국이 늘어났을까요?

2000년대에 경제가 빠르게 성장한 나라들

브릭스는 2005년 브라질, 러시아, 인도, 중국 네 나라로 활동을 시작했어요. 경제력은 선진국에 미치지 못하지만 넓은 영토, 많은 인구, 풍부한 자원을 바탕으로 빠르게 경제가 성장하는 나라들이 모인 거예요. 2010년에 남아프리카공화국이 들어오면서 브릭스는 5개국 체제가 되었어요. 2023년 브릭스 5개 회원국의 인구를 합치면 전 세계 인구의 42%에 달할 정도로 내수 시장이 크고 노동력도 풍부해 경제가 빠르게 성장했어요.

10개국이 되며 몸집 커져

그리고 2024년 1월 다섯 나라가 새로 회원이 되면서 브릭스는 10개국 체제가 되었어요. 경제, 안보 분야에서 미국의 견제를 받는 중국과 우크라이나 전쟁에 따른 고립을 탈피하려는 러시아가 브릭스 회원국 늘리기에 적극적이에요. 중국과 러시아는 브릭스의 몸집을 키워서 미국이 주도하는 서방 세력에 맞서려고 해요. 신흥국의 경제 협력체로 출발했던 브릭스가 이제는 외교 협력체로도 부상하고 있어요.

핵심 단어 찾기 빈칸에 들어갈 알맞은 단어를 찾아 ✓ 표 하세요.

- (　　) 는 2000년대에 빠른 경제 성장을 보인 브라질, 러시아, 인도, 중국, 남아프리카공화국이 모인 국제 조직이에요.

- 2024년 1월 (　　) 나라가 브릭스에 새 회원국으로 들어왔어요.

☐ OECD
☐ 브릭스
☐ 다섯
☐ 여섯

꼼꼼히 읽기 브릭스에 대한 설명으로 틀린 것을 고르세요. (　　)

① 브릭스는 2005년 브라질, 러시아, 인도, 중국, 남아프리카공화국의 다섯 나라로 활동을 시작했다.
② 브릭스는 넓은 영토, 많은 인구, 풍부한 자원을 바탕으로 빠르게 경제가 성장하는 나라들이다.
③ 2023년 브릭스 5개 회원국의 인구를 합치면 전 세계 인구의 42%에 달한다.

어휘 익히기 다음 초성 힌트와 설명을 보고 해당하는 어휘를 적어 보세요.

- ㅎㅇㄱ　　　국제적인 조직체의 구성원으로 되어 있는 나라.

- ㄴㅅㅅㅈ　　소비와 투자 활동이 이루어지는 국내의 시장.

- ㅅㅂ　　　　서유럽의 자유주의 국가.

요약 정리하기 괄호 안에 알맞은 말을 넣어 기사를 요약해 보세요.

경제, 안보 분야에서 미국의 견제를 받는 (　　　) 과 우크라이나 전쟁에 따른 고립을 탈피하려는 (　　　) 가 브릭스 회원국 늘리기에 적극적이에요. 이들은 브릭스의 몸집을 키워서 미국이 주도하는 서방 세력에 맞서려고 해요.

생각 곱씹기 브릭스의 회원국이 지금보다 늘어난다면 어떤 일이 벌어질까요?

_____

_____

유럽 농민이 시위에 나선 까닭은?

미리보기사전

농민 시위
농사일을 생업으로 삼은 사람들이 요구 조건을 내걸고 집회나 행진을 하면서 의사를 표시하는 일을 말해요.

2024년 1월 말, 유럽연합(EU) 정상회의가 열린 벨기에 브뤼셀에 유럽 각국의 농민이 트랙터 1,300여 대를 몰고 모여들었어요. 농민들은 트랙터로 도로를 막고 이를 저지하는 경찰에 맞섰는데요, 농민들이 시위에 나선 이유는 무엇일까요?

유럽연합의 엄격한 환경 규제

유럽 전역에서 출발해 벨기에에 모인 농민들은 유럽의 주요 교역 관문인 제브뤼헤 항구의 진입로를 막고 시위를 벌인 데 이어 주요 고속도로를 봉쇄했어요. 그러고는 트랙터를 몰고 유럽연합 본부가 있는 브뤼셀까지 진출해서 정상회의에 참석하는 각국 정상을 향해 항의했어요. 유럽의 농민들이 이토록 분노한 것은 유럽연합의 엄격한 환경 규제 때문이에요.

농업 보조금 지급에 조건 달아 농민 어려움 겪어

유럽연합의 농업은 유럽 온실가스 배출량의 약 10%를 차지해요. 유럽연합은 환경보호를 위해 농민에게 보조금을 지급할 때 농경지 일부를 쉬는 땅으로 남기도록 의무화했어요. 같은 이유로 프랑스와 독일 정부도 농업용 연료 보조금을 삭감하기로 했고, 살충제 사용을 줄이거나 금지하는 규제를 폈죠. 그러자 농민들은 이러한 규제를 적용받지 않는 나라의 농산물과 가격 경쟁에서 불리해졌어요. 또 전쟁으로 판로를 잃은 우크라이나의 값싼 농산물까지 유입되면서 유럽의 농민들은 어려움을 겪고 있어요.

핵심 단어 찾기 — 빈칸에 들어갈 알맞은 단어를 찾아 ☑ 표 하세요.

- 사람들이 요구 조건을 내걸고 집회나 행진을 하며 의사를 표시하는 행동을 (　) 라고 해요.
  - ☐ 축제
  - ☐ 시위
- 유럽 각국의 농민이 트랙터 1,300여 대를 몰고 모여든 벨기에 브뤼셀에는 (　) 본부가 있어요.
  - ☐ 유럽연합
  - ☐ 국제축구연맹

꼼꼼히 읽기 — 유럽 농민 시위에 대한 설명으로 틀린 것을 고르세요. (　)

① 유럽 농민들은 유럽의 주요 교역 관문인 제브뤼헤 항구의 진입로를 막고 시위를 벌였다.
② 농민들은 유럽연합 본부가 있는 브뤼셀까지 진출해서 각국 정상을 향해 항의했다.
③ 유럽의 농민들이 분노한 것은 유럽연합의 느슨한 환경 규제 때문이다.

어휘 익히기 — 다음 초성 힌트와 설명을 보고 해당하는 어휘를 적어 보세요.

- ㄱㅁ　　국경이나 요새를 드나들려면 꼭 거쳐야 하는 길목.
- ㄱㅈ　　규칙이나 규정에 따라 일정한 한도를 정하거나 정한 한도를 넘지 못하게 막음.
- ㅂㅈㄱ　정부나 공공 단체가 일정한 행정 목적을 달성하려고 기업이나 개인에게 내어주는 돈.

요약 정리하기 — 괄호 안에 알맞은 말을 넣어 기사를 요약해 보세요.

유럽연합은 (　　　)를 위해 농민에게 (　　　)을 지급할 때 농경지 일부를 쉬는 땅으로 남기도록 의무화했어요. 그러자 농민들은 이러한 규제를 적용받지 않는 나라의 농산물과 가격 경쟁에서 불리해졌어요.

생각 곱씹기 — 농민의 항의를 받은 유럽연합 정상들은 어떻게 해야 할까요?

SUV는 주차비를 3배 내세요!

> **미리보기사전**
>
> **SUV(Sport Utility Vehicle)**
> 스포츠 유틸리티 자동차. 거친 길을 달릴 수 있도록 엔진의 동력을 네 바퀴 모두에 전달해 움직이는 큰 승용차를 말해요.

프랑스 파리에서는 2024년 9월부터 SUV의 주차비를 3배 올리기로 했어요. SUV를 갖고 있는 파리 시민이라면 화들짝 놀랄 일인데요, 어떻게 된 일일까요?

SUV 주차비 인상 놓고 주민투표

2024년 2월 4일 프랑스 파리에서 주민투표가 열렸어요. 이날 주민투표의 안건은 SUV 주차비 인상에 대한 것이었어요. 투표율은 5.7%로 낮았지만 투표 결과 찬성 54.5%, 반대 45.5%로 주차비 인상안이 통과되었어요. 결국 2024년 9월부터 파리에서는 SUV 주차비가 전보다 3배 오르게 되었어요. 파리 도심에서 1시간에 6유로(약 8,600원)이던 주차비가 18유로(약 2만 6,000원)로 올라요. 파리 외곽에서는 1시간에 4유로(약 5,800원)이던 주차비가 12유로(약 1만 7,000원)로 오르고요.

넓은 공간을 차지하고 환경을 더 오염시키는 SUV

파리시는 도로 안전과 공공 공간 확보, 환경 오염에 대응하고자 SUV 주차비 인상을 추진했다고 밝혔어요. 지난 10년간 파리의 자동차 수는 감소했지만, 자동차 크기가 커지면서 도로나 공공장소에서 더 많은 공간을 차지했다고 해요. 또 자동차 크기가 커지면서 보행자 사고가 날 때 더 치명적인 결과를 낳았고요. 파리시는 SUV가 일반 차량보다 더 많은 연료를 소비하는 동시에 더 많은 오염 물질을 배출해 환경을 오염시킨다며, 이번 주차비 인상이 SUV 판매에도 영향을 미칠 것이라고 주장했어요.

🔍 **핵심 단어 찾기** 빈칸에 들어갈 알맞은 단어를 찾아 ☑ 표 하세요.

- 거친 길을 달릴 수 있도록 엔진의 동력을 네 바퀴 모두에 전달해 움직이는 큰 승용차를 영문 약자로 (　　) 라고 해요.
- 프랑스 파리에서는 2024년 9월부터 SUV에 한해 (　　) 를 3배 올리기로 했어요.

☐ Hybrid
☐ SUV
☐ 세차비
☐ 주차비

📖 **꼼꼼히 읽기** 파리의 SUV 주차비 인상에 대한 설명으로 틀린 것을 고르세요. (　　)

① 2024년 2월 4일 프랑스 파리에서는 SUV 주차비 인상에 대한 안을 놓고 주민투표를 했다.
② 주민투표 결과 찬성 54.5%, 반대 45.5%로 주차비 인상안이 통과되었다.
③ 2024년 9월부터 파리에서는 모든 차량의 주차비가 전보다 3배 오르게 되었다.

📝 **어휘 익히기** 다음 초성 힌트와 설명을 보고 해당하는 어휘를 적어 보세요.

- ㅈㅊㅂ　　　주차를 하는 데 드는 비용.
- ㄱㄱㅈㅅ　　사회의 여러 사람 또는 여러 단체에 공동으로 속하거나 이용되는 곳.
- ㅂㅎㅈ　　　걸어서 길거리를 왕래하는 사람.

📋 **요약 정리하기** 괄호 안에 알맞은 말을 넣어 기사를 요약해 보세요.

파리시는 SUV가 일반 차량보다 더 많은 연료를 소비하는 동시에 더 많은 오염 물질을 배출해 환경을 오염시킨다며, 이번 (　　　　) 이 SUV 판매에도 영향을 미칠 것이라고 주장했어요.

💭 **생각 곱씹기** 내가 파리에 사는 SUV 운전자라면 SUV를 어떻게 할지 이유와 함께 적어 보세요.

_____

_____

세계 인구 1위 나라는 어디?

미리 보기 사전

인도
아시아 남부에 위치한 공화국이며, 고대 문명과 불교의 발상지예요. 1947년 영국에서 자치령으로 독립해 인도 연방과 파키스탄으로 분리되었고, 1950년 완전히 독립했어요.

2023년 4월 유엔 경제사회처(DESA)는 '세계 인구 동향' 보고서에 인도 인구가 중국 인구를 넘어서 세계 인구 1위 나라가 되었다고 발표했어요. 그동안 인도 인구가 중국을 앞지를 것이라는 전망은 있었지만 그 시기가 훨씬 앞당겨졌어요.

인구 강대국 인도

UN과 통계청 자료에 따르면 2024년 2월 기준 인도의 인구는 14억 4,171만 명이며 14억 2,517만 명인 2위 중국과 간격이 점점 커지고 있어요. 중국은 2022~2023년, 2년 연속으로 인구가 감소했어요. 인구가 많은 나라는 탄탄한 소비 시장과 값싼 노동력을 바탕으로 경제 대국으로 성장할 가능성이 커요. 중국이 경제 대국으로 성장해 온 배경도 이런 이유였어요. 하지만 이제 중국이 인구 감소로 돌아서고 인도의 인구가 계속 증가하자 세계는 인도를 주목하고 있어요.

3년 안에 세계 3위 경제 대국 전망

많은 인구가 다양한 상품을 소비하니 인도 기업은 시설을 늘리고 직원을 새로 고용해 상품을 더 많이 만들어요. 일자리가 많아지니 소득도 전보다 늘고요. 게다가 인도는 정보기술 분야의 인재가 풍부해 여러 나라에서 협력하고 싶어 해요. 인도 정부는 2024년 1월 발표한 경제 보고서에서 2024년 4월~2025년 3월의 국내총생산(GDP) 증가율을 7%대로 전망했어요. 이 전망대로면 인도는 4년 연속 7% 이상 증가율을 달성하는 거예요. 인도 정부는 앞으로 3년 안에 미국, 중국에 이어 세계 3위 경제 대국으로 올라설 거라고 내다봤어요.

핵심 단어 찾기 빈칸에 들어갈 알맞은 단어를 찾아 ☑ 표 하세요.

- ( )는 아시아 남부에 위치한 공화국이며, 고대 문명과 불교의 발상지 예요.
  - ☐ 인도네시아
  - ☐ 인도
- 2023년 4월 유엔 경제사회처는 인도의 ( )가 중국 ( )를 넘어서 세계 ( ) 1위 나라가 되었다고 발표했어요.
  - ☐ 인구
  - ☐ 경제

꼼꼼히 읽기 인도와 중국에 대한 설명으로 틀린 것을 고르세요. ( )

① 중국은 2022~2023년, 2년 연속으로 인구가 감소했다.
② 인구가 적은 나라는 탄탄한 소비 시장과 값싼 노동력을 바탕으로 경제 대국으로 성장할 가능성이 크다.
③ 인도는 정보기술 분야 인재가 풍부하다.

어휘 익히기 다음 초성 힌트와 설명을 보고 해당하는 어휘를 적어 보세요.

- ㄱㅎㄱ   공화 정치를 하는 나라. 주권이 국민에게 있는 나라를 이른다.
- ㄷㅎ   사람들의 활동이나 일의 형세가 움직여 가는 방향.
- ㄱㅈㄷㄱ   다른 나라에 비해 경제력이나 경제 수준이 높은 나라.

요약 정리하기 괄호 안에 알맞은 말을 넣어 기사를 요약해 보세요.

인도 정부의 전망에 따르면 2025년에 인도는 4년 연속 7% 이상 증가율을 달성하게 돼요. 인도 정부는 앞으로 ( ) 안에 미국, 중국에 이어 세계 ( ) 경제 대국으로 올라설 거라고 내다봤어요.

생각 곱씹기 인구가 많으면 경제 대국이 될 가능성이 높은 이유는 무엇일까요?

최저임금이 지역마다 다르다고?

최저임금
노동자에게 그 아래로 지급하여서는 안 된다고 정한 임금의 액수를 말해요. 우리나라는 매년 최저임금을 새로 발표해 저임금 노동자를 보호하고 있어요.

미리 보기 사전

2024년 우리나라의 최저임금은 1시간에 9,860원이에요. 그런데 경제 대국 미국은 50개 주별로 최저임금이 다르다고 해요. 우리나라로 따지면 서울의 최저임금과 광주의 최저임금이 다른 건데요, 어떻게 된 일일까요?

각 주 의회에서 최저임금 결정

미국은 각 주에 있는 주 의회에서 최저임금을 결정해요. 2024년이 되면서 미국 전체 50개 주 가운데 22개 주에서 최저임금이 인상되었어요. 워싱턴주가 16.28달러로 가장 많았고, 캘리포니아주와 뉴욕주도 16달러가 되었어요. 우리나라 최저임금의 두 배가 넘는 수준이에요. 7월에는 네바다주와 오리건주, 9월에는 플로리다주가 최저임금을 인상하며 2024년에만 25개 주가 최저임금을 올리게 돼요. 수도인 워싱턴DC는 현재 17달러인 최저임금을 17.5달러로 올릴 예정이에요.

최저임금은 노동자의 최저 생활 수준 보장

반면에 텍사스, 조지아, 유타 등 미국 남부와 중서부에 몰려 있는 20개 주의 최저임금은 1시간에 7.25달러예요. 이 금액은 2009년에 미국 연방정부에서 정한 것인데, 20개 주는 아직도 그 금액을 고수하다 보니 다른 주와 격차가 점점 벌어지고 있어요. 최저임금 인상을 환영하는 사람들은 월급이 오르면 노동자가 소비하게 되고 이는 기업의 매출 증가로 이어진다고 이야기해요. 이를 반대하는 사람들은 최저임금이 인상되면 이에 부담을 느낀 기업과 고용주가 일자리를 줄일 거라고 우려해요.

핵심 단어 찾기 빈칸에 들어갈 알맞은 단어를 찾아 ☑ 표 하세요.

- 노동자에게 그 아래로 지급하여서는 안 된다고 정한 임금의 액수를 (　　) 이라고 해요.

- 2024년 우리나라의 최저임금은 1시간에 (　　) 이에요.

☐ 퇴직연금
☐ 최저임금
☐ 9,860원
☐ 1만 원

꼼꼼히 읽기 미국의 최저임금에 대한 설명으로 틀린 것을 고르세요. (　　)

① 미국은 각 주에 있는 주 의회에서 최저임금을 결정하기 때문에 주별로 최저임금이 다르다.
② 2024년이 되면서 미국 50개 주 가운데 22개 주에서 최저임금이 인상되었다.
③ 워싱턴DC는 최저임금 인상 계획이 없다.

어휘 익히기 다음 초성 힌트와 설명을 보고 해당하는 어휘를 적어 보세요.

- ㅈㅇㄱ　　낮은 임금.

- ㄱㅊ　　빈부, 임금, 기술 수준 등이 서로 벌어져 다른 정도.

- ㅅㅂ　　욕망을 충족하기 위해 재화나 용역을 소모하는 일.

요약 정리하기 괄호 안에 알맞은 말을 넣어 기사를 요약해 보세요.

(　　　　) 인상을 환영하는 사람들은 월급이 오르면 노동자가 소비하게 되고 이는 기업의 매출 증가로 이어진다고 이야기해요. 이를 반대하는 사람들은 (　　　　　) 이 인상되면 이에 부담을 느낀 기업과 고용주가 일자리를 줄일 거라고 우려해요.

생각 곱씹기 우리나라의 최저임금도 지역별로 달라지면 어떨 것 같나요?

_____

_____

미국 장관은 왜 탄핵되었을까?

미리 보기 사전

탄핵
대통령, 국무 위원, 법관 등을 국회에서 해임하거나 처벌하는 일을 말해요.

미국 의회는 상원과 하원, 즉 두 개 의회로 구성되어 있어요. 2024년 2월 미국 하원 의회가 알레한드로 마요르카스 국토안보부 장관에 대한 탄핵안을 가결했어요. 미국에서 현직 장관이 탄핵된 것은 150년 만에 벌어진 일이에요.

국경을 제대로 통제하지 못한 책임

국토안보부 장관이 탄핵된 명분은 미국 국경을 제대로 통제하지 못했다는 거예요. 미국 세관국경보호국에 따르면 몰래 국경을 넘어 미국으로 들어오는 밀입국자가 2020년 40만 건에서 2021년 165만 건으로 4배 이상 늘어났다고 해요. 또 2023년 12월 한 달 동안 국경을 넘던 밀입국자 25만 명이 체포되기도 했어요. 이는 역대 가장 많은 밀입국자 체포 기록이에요. 바이든 대통령은 2021년 취임하자마자 합법적인 이민 경로를 마련해 밀입국을 줄이려고 했어요. 그런데 경제적 어려움을 겪는 중남미 사람이 예상보다 많이 국경으로 몰려들어 이민 심사 시스템이 마비되었어요.

이민에 포용적인 바이든 공격

2024년 11월에 미국 대통령 선거가 있어요. 이번 국토안보부 장관 탄핵은 이민에 포용적인 바이든 행정부 출범 후 멕시코 국경 쪽으로 밀입국자가 급증하자 야당인 공화당이 정부의 국경 관리 문제를 지적하며 추진한 거예요. 국토안보부 장관의 해임 여부는 탄핵 심판권이 있는 상원 의회의 결정에 달렸어요. 상원 의회는 민주당이 다수당이어서 해임까지 가는 것은 쉽지 않아 보여요.

핵심 단어 찾기 빈칸에 들어갈 알맞은 단어를 찾아 ✓ 표 하세요.

- 대통령, 국무 위원, 법관 등을 국회에서 해임하거나 처벌하는 일을 (　　)이라고 해요.
  - ☐ 구속
  - ☐ 탄핵
- 2024년 2월 미국 하원 의회가 알레한드로 마요르카스 (　　) 장관에 대한 탄핵안을 가결했어요.
  - ☐ 국토안보부
  - ☐ 국방부

꼼꼼히 읽기 미국 장관 탄핵에 대한 설명으로 틀린 것을 고르세요. (　　)

① 미국에서 현직 장관이 탄핵된 것은 150년 만에 벌어진 일이다.
② 미국 국토안보부 장관이 탄핵된 명분은 미국 국경을 제대로 통제하지 못했다는 것이다.
③ 바이든 대통령은 2021년 취임하자마자 부족한 노동력을 채우려 밀입국을 늘리려고 했다.

어휘 익히기 다음 초성 힌트와 설명을 보고 해당하는 어휘를 적어 보세요.

- ㅁㅇㄱㅈ　　국가의 허가를 받지 않고 몰래 국경을 넘어 들어온 사람.
- ㅇㅁ　　자기 나라를 떠나 다른 나라로 이주하는 일.
- ㅎㅂㅈ　　법령이나 규범에 맞는 것.

요약 정리하기 괄호 안에 알맞은 말을 넣어 기사를 요약해 보세요.

바이든 대통령은 합법적인 이민 경로를 마련해 (　　　　)을 줄이려고 했지만, 예상보다 많은 중남미 사람이 국경으로 몰려들어 이민 심사 시스템이 마비되었어요.

생각 곱씹기 중남미 사람들이 미국으로 밀입국하려는 이유는 무엇일까요?

_____

_____

국방비로 1,200조를 쓰는 나라

미리보기 사전

국방비
국가가 외국의 침략에 대비 태세를 갖추고 국토를 방위하는 데 쓰는 비용을 말해요. 2024년 우리나라의 국방 예산은 2023년보다 4.2% 증가한 59조 4,244억 원이에요.

2023년 전 세계에서 사용된 국방비 총액은 2,940조 원인데요, 2022년보다 9% 증가한 것으로 나타났어요. 러시아-우크라이나 전쟁, 이스라엘-하마스 전쟁 등으로 안보 불안이 커진 나라들이 국방비 지출을 늘린 거예요. 평화로운 지구촌이 되어 국방비 제로가 될 날은 언제일까요?

미국이 세계 국방비의 40.5% 차지

2024년 2월 영국 국제문제전략연구소는 세계 군사력 균형 평가 보고서를 발표했어요. 보고서에 따르면 2023년 국방비를 가장 많이 쓴 나라는 미국이었어요. 무려 1,200조 원인데, 세계 국방비의 40.5%를 차지했어요. 미국의 국방비는 2~15위의 국방비를 합친 것보다 많은 금액이에요. 국방비 지출 2위는 북대서양조약기구(NATO)에 가입된 30개 회원국이며 508조 원을 써 세계 국방비의 17.3%를 차지했고, 3위 중국은 293조 원을 써 세계 국방비의 10%를 차지했어요. 우크라이나를 상대로 전쟁 중인 러시아는 144조 원을 써 4위를 차지했어요.

아시아 나라들도 국방비 올려

유럽에서는 러시아가 우크라이나를 침략하자 다른 나라들이 위협을 느껴 국방비를 올리고 있어요. 아시아의 국방비 지출도 커지고 있어요. 중국의 국방비가 아시아 전체 국방비의 43%를 차지하자 이에 위협을 느낀 대만도 2024년에 25조 원이나 되는, 사상 최대 국방 예산을 세웠어요. 여기에 북한이 미사일을 연이어 발사하며 도발하자 우리나라와 일본도 국방비를 늘리는 상황이에요.

핵심 단어 찾기 빈칸에 들어갈 알맞은 단어를 찾아 ✓ 표 하세요.

- 국가가 외국의 침략에 대비 태세를 갖추고 국토를 방위하는 데 쓰는 비용을 (　　) 라고 해요.
  - ☐ 국방비
  - ☐ 복지비
- 2024년 우리나라의 (　　) 은 2023년보다 4.2% 증가한 59조 4,244억 원이에요.
  - ☐ 국방 예산
  - ☐ 과학기술 예산

꼼꼼히 읽기 2023년 세계 국방비 지출에 대한 설명으로 틀린 것을 고르세요. (　　)

① 전 세계에서 사용된 국방비 총액은 2,940조 원이며 2022년보다 9% 증가한 것으로 나타났다.
② 러시아-우크라이나 전쟁, 이스라엘-하마스 전쟁 등으로 전쟁 불감증이 커진 나라들이 국방비 지출을 줄였다.
③ 국방비를 가장 많이 쓴 나라는 미국이며, 세계 국방비의 40.5%를 차지했다.

어휘 익히기 다음 초성 힌트와 설명을 보고 해당하는 어휘를 적어 보세요.

- ㅇㅂ　　'안전 보장'을 줄여 이르는 말.
- ㅇㅎ　　힘으로 으르고 협박함.
- ㄷㅂ　　남을 집적거려 일이 일어나게 함.

요약 정리하기 괄호 안에 알맞은 말을 넣어 기사를 요약해 보세요.

중국의 (　　)가 아시아 전체 (　　)의 43%를 차지하자 이에 위협을 느낀 대만도 덩달아 (　　)를 늘렸고, 북한의 미사일 도발에 우리나라와 일본도 (　　)를 늘리는 상황이에요.

생각 곱씹기 우리나라 국방비를 다른 목적으로 쓴다면 어디에 쓰는 것이 좋을까요?

_____

_____

극우 반대 시위가 일어난 독일

미리보기사전

극우
극단적으로 보수주의적이거나 국수주의적인 성향 또는 그 성향을 가진 사람이나 세력을 말해요.

독일은 극우주의 정당에 반대하는 사람들이 벌이는 시위로 혼란스러운 2024년 초를 보냈어요. 독일의 대표적인 극우 정당은 '독일을 위한 대안(AfD)'인데요, 독일 사람들이 왜 이들에 반대하는 시위를 벌이는지 알아봤어요.

극우 정치인들이 외국 출신 시민 추방 논의

2024년 1월 탐사보도 언론매체인 〈코렉티브〉가 특종을 보도했어요. 2023년 11월 '독일을 위한 대안'의 정치인과 극우주의자 20여 명이 모여 비밀 회동을 하고, '재이민'에 관해 집중적으로 논의했다는 거예요. 여기에서 '재이민'은 독일로 이주해 살고 있는 외국 출신 시민을 독일 밖으로 추방하는 것을 뜻해요. 이에 독일 전역에서는 이들에 반대하는 시위가 열렸고, 총리와 외무장관도 참가했어요.

이민자 때문에 경제와 치안이 나빠졌다고 주장

그동안 '독일을 위한 대안'은 이슬람권 이민 반대, 아프리카 난민 제한, 유로존 해체 등을 주장해 왔어요. 최근에는 불법 이민자를 받으면서 독일 경제가 어려워지고 치안이 나빠졌다고 주장했지요. '독일을 위한 대안' 등 극우주의 정당은 상대적으로 경제 상황이 좋지 않은 옛 동독 지역에서 인기를 얻고 있어요.

핵심 단어 찾기 빈칸에 들어갈 알맞은 단어를 찾아 ✓ 표 하세요.

- 극단적으로 보수주의적이거나 국수주의적인 성향 또는 그 성향을 가진 사람이나 세력을 (　　) 라고 해요.

- 독일의 대표적인 극우 정당은 (　　) 이에요.

☐ 진보
☐ 극우
☐ 사회민주당
☐ 독일을 위한 대안

꼼꼼히 읽기 독일의 극우 정당에 대한 설명으로 틀린 것을 고르세요. (　　)

① 탐사보도 언론매체인 <코렉티브>가 '독일을 위한 대안'의 정치인과 극우주의자들이 비밀 회동을 하고, 재이민에 관해 집중적으로 논의했다고 보도했다.
② 재이민은 독일 밖으로 이주해 살고 있는 독일 출신 시민을 독일 안으로 데려오는 것이다.
③ 극우 정당은 옛 동독 지역에서 인기를 얻고 있다.

어휘 익히기 다음 초성 힌트와 설명을 보고 해당하는 어휘를 적어 보세요.

- ㅌㅈ　　　　신문이나 잡지, 방송에서 제일 먼저 단독으로 보도한 중요한 기사.

- ㅎㄷ　　　　일정한 목적으로 여러 사람이 한데 모임.

- ㅇㅁㅈ　　　자기 나라를 떠나 다른 나라로 이주해 사는 사람.

요약 정리하기 괄호 안에 알맞은 말을 넣어 기사를 요약해 보세요.

'독일을 위한 대안'은 (　　　　　　)를 받으면서 독일 경제가 어려워지고 치안이 나빠졌다고 주장했어요.

생각 곱씹기 독일 극우 정당의 주장에 대해 찬성, 반대 의견 중 하나를 선택해 이유와 함께 적어 보세요.

_____

_____

세계의 이목이 대만에 쏠린 이유

미리 보기 사전

대만
중국 동남쪽에 있는 큰 섬이며 수도는 타이베이예요. 중국 본토에서 실권을 잡았던 장제스 정권이 중국 공산당과의 내전에서 패한 뒤 1949년 이곳에 나라를 세웠어요.

2024년 1월 대만은 총통 선거를 치렀어요. 대만에서 총통은 국가원수이고, 나라를 대표하는 중요한 자리예요. 이번 대만 총통 선거를 취재하려고 전 세계 언론인이 대만을 찾았는데, 그 이유는 무엇일까요?

우리나라와 닮은 대만

대만은 우리나라와 닮은 점이 많아요. 두 나라 모두 일본의 식민지였고, 나라가 둘로 쪼개지는 경험을 했어요. 그리고 미국과 중국, 두 강대국 사이에서 정치적·경제적으로 균형을 유지해야 하는 처지이기도 하죠. 대만과 통일하기를 원하는 중국은 대만 해협에서 수시로 군사작전을 벌이고 있고, 이에 맞서려고 미국은 대만에 무기 수출을 늘려 오고 있어요.

대만의 독립을 주장하는 민진당 후보 당선

대만은 세계 20위 경제 규모를 지닌 나라이지만, 12개 나라와만 외교 관계를 유지하고 있어요. 유엔과 세계보건기구 같은 국제기구에도 가입하지 못했어요. 중국이 반대하고 있기 때문이에요. 이번 선거가 세계인의 이목을 끈 것은 중국과 미국의 대리 선거처럼 보였기 때문이에요. 친중 성향인 국민당, 친미(독립) 성향인 민진당, 실용주의 성향인 민중당 후보가 출마했고, 민진당 후보인 라이칭더가 당선했어요. 의사로 일하다가 정치인이 된 라이칭더 후보는 대만이 중국에서 완전히 독립해야 한다고 주장해 왔어요. 중국은 이를 강력히 반대해 왔기에 앞으로 두 나라의 긴장 관계는 높아질 것으로 보여요.

핵심 단어 찾기 빈칸에 들어갈 알맞은 단어를 찾아 ☑ 표 하세요.

- 중국 본토에서 실권을 잡았던 장제스 정권이 중국 공산당과 벌인 내전에서 패한 뒤 1949년에 중국 동남쪽 큰 섬에 세운 나라는 (　　) 이에요.

- 2024년 1월 대만에서는 (　　) 선거를 치렀어요.

☐ 태국
☐ 대만
☐ 총통
☐ 총리

꼼꼼히 읽기 대만의 총통 선거에 대한 설명으로 틀린 것을 고르세요. (　　)

① 대만에서 총통은 국가원수이며, 나라를 대표하는 중요한 자리이다.
② 대만은 12개 나라와만 외교 관계를 유지하고 있다.
③ 대만은 미국에 무기 수출을 늘려 오고 있다.

어휘 익히기 다음 초성 힌트와 설명을 보고 해당하는 어휘를 적어 보세요.

- ㅊㅈ　　　처하여 있는 사정이나 형편.

- ㅅㅎ　　　성질에 따른 경향.

- ㅅㅇㅈㅇ　실제 결과가 진리를 판단하는 기준이라고 주장하는 철학 사상. 행동을 중시한다.

요약 정리하기 괄호 안에 알맞은 말을 넣어 기사를 요약해 보세요.

대만 총통 선거가 세계인의 이목을 끈 것은 중국과 미국의 (　　　　) 처럼 보였기 때문이에요. 친중 성향인 국민당, 친미 성향인 민진당, 실용주의 성향인 민중당 후보가 출마했고, 민진당 후보인 라이칭더가 당선했어요.

생각 곱씹기 최근 우리나라에서 일어난 사건 중 세계 언론이 주목할 만한 사건은 무엇일지 적어 보세요.

_____

_____

팔레스타인은 국가가 아니야!

미리 보기 사전

팔레스타인
팔레스타인 자치 정부가 관할하는 서안 지구와 가자 지구를 말해요. 두 지구는 지리적으로 분리되어 있어요. 가자 지구를 통치하는 팔레스타인의 정파는 하마스예요.

2024년 2월 이스라엘 정부는 '팔레스타인을 국가로 인정하지 않는다.'는 결의문을 발표했어요. 이스라엘-팔레스타인 전쟁이 끝나도록 국제 사회가 중재에 나섰는데 이를 거부한 거예요.

이스라엘의 라파 공격 예고

2023년 10월에 시작된 이스라엘-팔레스타인 전쟁이 길어지고 있어요. 2024년 2월 19일 기준으로 가자 지구에서는 팔레스타인 사람 2만 9,000명이 사망했어요. 그런데도 이스라엘은 3월 10일까지 이스라엘 인질을 석방하지 않으면 주민 150만 명이 밀집한 최남단 도시 라파를 총공격하겠다고 예고했어요. 국제 사회는 라파 총공격이 막대한 민간인 희생을 불러올 거라며 이스라엘을 압박하고 있어요.

국제 사회의 중재를 거부하는 이스라엘

2024년 2월 19일 UN의 최고 법원인 국제사법재판소는 이스라엘이 지난 56년 동안 팔레스타인을 점령한 것이 적법한지 가리는 재판을 시작했어요. 여론은 이스라엘에게 불리해요. 이미 2004년 국제사법재판소는 이스라엘이 동예루살렘과 서안 지구에 팔레스타인과 분리하는 장벽을 세운 것이 불법이라고 판결한 바 있어요. 국제사법재판소의 최종 판결은 6개월 정도 뒤에 나올 것으로 보이지만 법적 구속력이 있는 것은 아니에요. 이스라엘은 이번 재판에 불참하겠다는 입장을 밝혔어요. 길어지는 전쟁에 민간인의 희생만 늘어나고 있어요.

핵심 단어 찾기 빈칸에 들어갈 알맞은 단어를 찾아 ☑ 표 하세요.

- 팔레스타인은 팔레스타인 자치 정부가 관할하는 (   )와 (   )를 말해요. 두 지구는 지리적으로 분리되어 있어요.
  - ☐ 서안 지구 / 가자 지구
  - ☐ 투기과열지구 / 공공주택지구

- 가자 지구를 통치하는 팔레스타인의 정파는 (   )예요.
  - ☐ 하마스
  - ☐ 헤즈볼라

꼼꼼히 읽기 이스라엘-팔레스타인 전쟁에 대한 설명으로 틀린 것을 고르세요. (   )

① 2024년 2월 이스라엘 정부는 '팔레스타인을 국가로 인정하지 않는다.'는 결의문을 발표했다.
② 2024년 2월 19일 기준으로 가자 지구에서는 이스라엘 사람 2만 9,000명이 사망했다.
③ 이스라엘은 3월 10일까지 인질을 석방하지 않으면 최남단 도시 라파를 총공격하겠다고 예고했다.

어휘 익히기 다음 초성 힌트와 설명을 보고 해당하는 어휘를 적어 보세요.

- ㅈㅈ   분쟁에 끼어들어 쌍방을 화해하게 함.
- ㅊㄴㄷ   어떤 지역에서 남쪽의 맨 끝.
- ㄱㅅㄹ   어떤 행위를 강제로 못 하게 하는 힘.

요약 정리하기 괄호 안에 알맞은 말을 넣어 기사를 요약해 보세요.

UN의 최고 법원인 (   )는 이스라엘이 지난 56년 동안 팔레스타인을 점령한 것이 적법한지 가리는 재판을 시작했어요. (   )의 최종 판결은 6개월 정도 뒤에 나올 것으로 보이지만 법적 구속력이 있는 것은 아니에요.

생각 곱씹기 이스라엘-팔레스타인 전쟁이 어떻게 끝나야 한다고 생각하나요?

공무원부터 군대 가세요!

> **징집**
> 군대에 복무할 의무를 지닌 사람을 국가가 소집해 군대에 복무하게 하는 것을 뜻해요. 우리나라는 만 18세 이상 남성을 징집해 군대에 복무하게 하고 있어요.

미얀마는 2021년 2월 쿠데타로 정권을 잡은 군부가 나라를 통치하고 있어요. 그런데 반군의 거센 공세에 병력이 부족해진 미얀마 군부가 2024년 2월 중대 발표를 했어요. 매년 6만 명을 징집해 군대에 복무시킬 거라는 내용이었어요.

18~35세 남성, 18~27세 여성은 2년 동안 군 복무

징집 대상은 18~35세 남성과 18~27세 여성이며, 이들은 2년 동안 군 복무를 할 예정이에요. 국가에 비상사태가 발생하면 복무 기간은 5년까지 늘어날 수 있어요. 미얀마 인구 5,600만 명 중 1,400만 명이 군 복무 자격을 갖춘 대상자예요. 징집을 기피하면 3~5년 징역과 벌금형에 처해져요. 미얀마 최대 명절인 신년 축제가 끝나고 4월부터 징집이 시작되며 매달 5,000명이 징집될 예정이에요. 그동안 미얀마는 모병제, 즉 직업군인으로만 군대를 운영해 왔어요.

강제 징집을 피해 떠나는 사람들

그러자 강제 징집을 피할 목적으로 미얀마를 떠나려는 사람들이 여권을 발급 받으려고 몰려들었어요. 그 과정에서 여성 2명이 압사당해 목숨을 잃었어요. 또 미얀마의 태국대사관 앞에는 비자를 받으려고 사람들이 줄지어 섰어요. 분위기가 심상치 않자 현지 언론은 군부가 공무원을 우선 징집 목록에 올렸다고 보도했어요. 모든 정부 부처에 징집 대상에 해당하는 직원 목록을 제출하라고 명령한 거예요. 이에 공무원 사회도 술렁이고 있어요.

핵심 단어 찾기 빈칸에 들어갈 알맞은 단어를 찾아 ✓ 표 하세요.

- 군대에 복무할 의무를 지닌 사람을 국가가 소집해 군대에 복무하게 하는 것을 ( )이라고 해요.
  - ☐ 징역
  - ☐ 징집

- 미얀마는 2021년 2월 쿠데타로 정권을 잡은 ( )가 나라를 통치하고 있어요.
  - ☐ 군부
  - ☐ 광부

꼼꼼히 읽기 미얀마의 징집에 대한 설명으로 틀린 것을 고르세요. ( )

① 2024년 2월 미얀마 군부가 매년 6만 명을 징집해 군대에 복무시킬 것이라고 발표했다.
② 징집 대상은 18~35세 남성과 18~27세 여성이다.
③ 미얀마는 그동안 징집을 실시해 군대를 운영해 왔다.

어휘 익히기 다음 초성 힌트와 설명을 보고 해당하는 어휘를 적어 보세요.

- ㄱ ㅂ : 군사에 관한 일을 총괄해 맡아보는 군에서 가장 중요한 지위에 있는 사람들. 또는 그것을 중심으로 한 세력.

- ㅂ ㅁ : 어떤 직무나 임무에 힘씀.

- ㅇ ㅅ : 무거운 것에 눌려 죽음.

요약 정리하기 괄호 안에 알맞은 말을 넣어 기사를 요약해 보세요.

강제 징집을 피할 목적으로 ( )를 떠나려는 사람들이 늘어나자 현지 언론은 군부가 ( )을 우선 징집 목록에 올렸다고 보도했어요. 모든 정부 부처에 징집 대상에 해당하는 직원 목록을 제출하라고 명령한 거예요.

생각 곱씹기 우리나라는 징집으로 군대를 운영해요. 이를 모병제로 바꾸면 어떻게 될까요?

일본 빈집을 사들이는 외국인들

> **미리보기사전**
>
> **빈집**
> 사람이 살지 않는 집을 뜻하며, 일본어로는 '아키야'라고 해요. 일본에서는 인구 고령화 때문에 늘어난 빈집을 두고 정부와 지자체가 처리 방안을 고심 중이에요.

이웃 나라 일본은 우리나라보다 고령화가 더 빠른 나라예요. 65세 이상 인구가 전체 인구의 30%에 달하고, 그중 75세 이상인 초고령자가 절반을 넘어요. 그렇다 보니 고령자가 사망하거나 요양시설로 들어가면서 빈집이 늘어나고 있어요.

골칫거리가 된 빈집

일본 정부가 5년마다 실시하는 주택 조사에 따르면 2018년 기준 일본 내 빈집은 약 850만 채이며 전체의 14%였어요. 2024년 기준으로는 빈집이 약 1,000만 채로 추산돼요. 빈집은 가격이 매우 저렴하지만 세금과 수리비가 들어서 구입하려는 사람이 거의 없어요. 일본 인구의 10%가 80세 이상 고령자이기 때문에 빈집은 갈수록 더 늘어날 수밖에 없어요. 빈집이 늘어나면 도시 공동화가 빨라지고 분위기도 침체하며, 범죄가 일어날 가능성도 높아져요.

외국인들이 빈집 구입해 에어비앤비로 임대

일본 정부는 빈집 문제를 해결하고자 빈집 구매 시 세금 감면, 보조금 지원 등 다양한 정책을 시행하고 있어요. 지자체가 빈집 정보를 관리하고 경매로 판매할 수 있게 '빈집은행'이라는 플랫폼도 만들었어요. 그러자 부동산 회사들이 빈집을 리모델링해 외국인에게 판매하기 시작했어요. 외국인들은 리모델링한 빈집을 구입해 에어비앤비로 빌려주고요. 현재 일본은 외국인의 주택 구입을 제한하지 않고 적극 권장하고 있어요.

핵심 단어 찾기 빈칸에 들어갈 알맞은 단어를 찾아 ☑ 표 하세요.

- 사람이 살지 않는 집을 (　　)이라고 하는데, 일본어로는 '아키야'라고 해요.
  - ☐ 밀집
  - ☐ 빈집
- 일본에서는 (　　) 때문에 늘어난 빈집을 두고 정부와 지자체가 처리 방안을 고심 중이에요.
  - ☐ 인구 고령화
  - ☐ 인구 증가

꼼꼼히 읽기 일본의 빈집에 대한 설명으로 틀린 것을 고르세요. (　　)

① 일본에서는 고령자가 사망하거나 요양시설로 들어가면서 빈집이 늘어나고 있다.
② 2018년 기준 일본 내 빈집은 약 850만 채이며 전체의 14%였다.
③ 빈집은 가격이 매우 저렴해 시장에 나올 때마다 바로 팔린다.

어휘 익히기 다음 초성 힌트와 설명을 보고 해당하는 어휘를 적어 보세요.

- ㄱㄹㅎ　　한 사회에서 노인 인구 비율이 높은 상태로 나타나는 일.
- ㄱㄷㅎ　　사람들이 모두 떠나서 마을이나 도시, 건물이 텅 비게 됨.
- ㄹㅁㄷㄹ　사용하던 주택을 목적과 용도에 맞게 고쳐 새것처럼 바꿈.

요약 정리하기 괄호 안에 알맞은 말을 넣어 기사를 요약해 보세요.

일본 정부는 (　　) 문제를 해결하고자 세금 감면, 보조금 지원 등 다양한 정책을 시행하고 있어요. 그러자 부동산 회사들이 (　　)을 리모델링해 외국인에게 판매하기 시작했어요.

생각 곱씹기 우리나라 지방에도 빈집이 계속 늘고 있어요. 빈집을 어떻게 활용하면 좋을까요?

_____

_____

어휘 한눈에 보기

세계 기사에 등장한 한자어와 순우리말 어휘를 정리했어요. 한자처럼 보이지만 순우리말인 경우도 있고 순우리말처럼 보이는 말이 한자어인 경우도 있으니 꼼꼼하게 살펴보세요.

세계 기사에서 눈여겨보면 좋을 한자어

시위
示 보일 시
威 위엄 위
많은 사람이 의사를 표시하여 집회나 행진을 하는 일.

종사
從 좇을 종
事 일 사
어떤 일을 일삼아서 함.

특혜
特 특별할 특
惠 은혜 혜
특별한 은혜나 혜택.

도입
導 이끌 도
入 들 입
기술, 방법, 물자 등을 끌어 들임.

명분
名 이름 명
分 나눌 분
일을 꾀할 때 내세우는 구실이나 이유 등.

한계
限 한계 한
界 경계 계
사물이나 능력, 책임 등이 실제 작용할 수 있는 범위.

편입
編 엮을 편
入 들 입
이미 짜인 한 동아리나 대열 등에 끼어 들어감.

요새
要 중요할 요
塞 변방 새
군사적으로 중요한 곳에 튼튼하게 만들어 놓은 방어 시설.

합의
合 합할 합
意 뜻 의
서로 의견이 일치함. 또는 그 의견.

내수
內 안 내
需 구할 수
국내에서의 수요.

고립
孤 외로울 고
立 설 립
타인과 어울리지 않거나 도움을 받지 못해 외따로 떨어짐.

부상
浮 뜰 부
上 위 상
어떤 현상이 관심의 대상이 됨.

봉쇄
封 봉할 봉
鎖 쇠사슬 쇄

굳게 막아 버리거나 잠금.

교역
交 사귈 교
易 바꿀 역

나라와 나라 사이에서 물건을 사고팖.

고수
固 굳을 고
守 지킬 수

차지한 물건이나 형세 등을 굳게 지킴.

침략
侵 침노할 침
略 다스릴 략

정당한 이유 없이 남의 나라에 쳐들어감.

극우
極 지극할 극
右 오른쪽 우

극단적으로 보수주의적이거나 국수주의적인 성향.

전쟁
戰 싸울 전
爭 다툴 쟁

국가와 국가 등이 무력을 사용하여 싸움.

세계 기사에서 눈여겨보면 좋을 순우리말

- **턱없이** 이치에 닿지 않거나, 그럴 만한 근거가 전혀 없이.
- **따로** 한데 섞이거나 함께 있지 아니하고 혼자 떨어져서.
- **거두다** 좋은 결과나 성과 등을 얻다.
- **빠져들다** 경치나 이성의 매력 등에 매료되어 취하다.
- **허덕이다** 힘에 부쳐 쩔쩔매거나 괴로워하며 애쓰다.
- **다스리다** 국가나 사회, 단체, 집안의 일을 관리하고 통제하다.
- **따오다** 남의 말이나 글에서 필요한 부분을 끌어오다.
- **내다보다** 앞일을 미리 헤아리다.
- **일자리** 생계를 꾸려 나갈 수 있는 수단으로서의 직업.
- **앞지르다** 발전, 능력 등이 남보다 높은 수준에 있거나 남을 능가하다.
- **마련하다** 헤아려서 갖추다.
- **갖추다** 필요한 자세나 태도 등을 취하다.

소년범 · 의대 정원 · 사형제 · 젠트리피케이션 · 늘봄학교

수술실에 CCTV가 생긴다면?

> **미리 보기 사전**
>
> **CCTV**
> 특정 수신자를 대상으로 화상을 전송하는 텔레비전 방식을 말해요. 유선 또는 무선으로 연결하며 교통, 공장, 그 밖의 여러 산업 분야에 쓰여요.

2023년 9월 25일부터 마취 등으로 의식이 없는 환자를 수술하는 의료기관은 수술실에 CCTV를 의무적으로 설치하게 되었어요. 수술 전에 환자나 보호자가 요청하면 수술 장면을 촬영하고, 병원은 30일 이상 영상을 보관해야 해요. 수술실 CCTV 설치는 관련 법이 시행되기 전부터 논란이 많았어요.

수술실에 CCTV가 설치된 이유

수술실 CCTV 설치 논의가 시작된 건 2016년이에요. 서울의 한 성형외과에서 수술받던 환자가 사망했는데, 확인 과정에서 의사가 수술 도중에 수술실을 비운 사실이 드러났어요. 또 2018년 부산의 한 정형외과에서는 의료기기 영업사원이 대리 수술을 하다가 환자가 사망한 일도 있었고요. 시민 단체들은 이런 일이 다시 생기지 않도록 수술실에 CCTV를 설치해 달라고 요구했고, 결국 관련 법이 만들어져 시행되기에 이른 거예요.

의료계와 시민의 생각이 일치하지는 않아

한편 의료계는 수술실 CCTV 설치 관련 법에 대해 헌법소원을 제기했어요. 수술실에 CCTV를 설치하는 건 의료인의 직업 수행 자유를 제한해 의료 행위 위축 등으로 이어질 수 있다는 이유로요. 혹시 CCTV 영상이 유출되기라도 하면 의사와 환자 모두에게 프라이버시 침해가 발생할 수 있다는 것도 한 이유이고요. 하지만 최근 수술실에서 성범죄를 저지른 의사의 과거 혐의가 드러나는 일이 있어 시민들은 대체로 수술실 CCTV 설치를 반기고 있어요.

핵심 단어 찾기 빈칸에 들어갈 알맞은 단어를 찾아 ✓ 표 하세요.

- 2023년 9월 25일부터 마취 등으로 의식이 없는 환자를 수술하는 의료 기관은 수술실에 (　　) 를 의무적으로 설치하게 되었어요.
- (　　) 전에 환자나 보호자가 요청하면 (　　) 장면을 촬영하고, 병원은 30일 이상 영상을 보관해야 해요.

☐ 응급 호출기
☐ CCTV
☐ 수술
☐ 진료

꼼꼼히 읽기 수술실 CCTV에 대한 설명으로 틀린 것을 고르세요. (　　)

① 2016년 한 성형외과에서 수술받던 환자가 사망했고, 수술 도중 의사가 수술실을 비운 사실이 확인되면서 수술실 CCTV 설치 논의가 시작되었다.
② 2018년 한 정형외과에서는 의료기기 영업사원이 대리 수술을 하다가 환자가 사망했다.
③ 의료계는 수술실 CCTV가 환자의 직업 수행 자유를 제한할 수 있다고 주장했다.

어휘 익히기 다음 초성 히트와 설명을 보고 해당하는 어휘를 적어 보세요.

- ㅎㅂㅅㅇ　　헌법에 위배되는 법률에 따라 권리와 이익을 침해받은 사람이 헌법 재판소에 구제를 청구하는 일.

- ㅇㅊ　　어떤 힘에 눌려 졸아들고 기를 펴지 못함.

- ㅍㄹㅇㅂㅅ　　개인의 사생활이나 사적인 일. 또는 그것을 남에게 간섭받지 않을 권리.

요약 정리하기 괄호 안에 알맞은 말을 넣어 기사를 요약해 보세요.

시민 단체들은 (　　　) 에 (　　　) 를 설치해 달라고 요구했지만 (　　　) 는 의료인의 의료 행위 위축 등을 이유로 반대했어요.

생각 곱씹기 내가 마취 상태로 수술을 받게 된다면 수술실 CCTV 촬영을 요구하게 될지 적어 보세요.

의대 정원이 늘어난다고?

> **미리보기사전**
>
> **의대 정원**
> 대학교 의과대학의 입학 정원을 말해요.

정부가 2025학년도 대학 입시부터 의대 정원을 확대하겠다고 발표한 이후 혼란이 계속되고 있어요. 정부의 입장은 2006년부터 유지해 온 의대 입학 정원 3,058명을 대폭 늘리려는 거예요. 그 이유는 뭘까요?

노인 인구 증가에 필요한 조치

정부가 의대 입학 정원을 늘리려는 가장 큰 이유는 우리 사회가 고령화되고 있는 점이에요. 노인 인구가 늘어나면 병원을 찾는 빈도가 늘어나게 되므로 그에 맞춰 의사 수도 늘어야 한다는 거예요. 또 우리나라가 다른 나라보다 의사 수가 적은 것도 이유로 들었어요. 경제협력개발기구(OECD)의 '2023 보건 통계'에 따르면 OECD 회원국에서 환자를 돌보는 의사 수는 인구 1,000명당 3.7명꼴인데 우리나라는 1,000명당 2.6명 정도라고 해요.

반대하는 의료계

하지만 의료계는 무리하게 의대 정원을 늘리는 데 반대하고 있어요. 우리나라는 의료 접근성이 좋아서 의사 수가 부족한 상황이 아니라는 거예요. 그래서 의대 정원 확대보다 내과, 외과, 산부인과 등 필수 의료 분야에 공백이 생기지 않도록 정책을 펼치는 게 더 필요하다고 주장해요. 또 의대 정원이 늘어나면 상위권 이공계 학생들이 지금보다 더 많이 의대에 진학하게 되면서, 국가 과학기술 인력 양성에 어려움을 겪을 거라는 예상도 나오고 있어요.

(※해당 기사는 2024년 4월 초 기준으로 작성되었습니다.)

핵심 단어 찾기 빈칸에 들어갈 알맞은 단어를 찾아 ✓ 표 하세요.

- 정부가 2025학년도 대학 입시부터 (　　)을 확대하겠다고 발표했어요.
  - ☐ 의대 정원
  - ☐ 공대 정원

- 정부가 의대 입학 정원을 늘리려는 이유는 우리 사회가 (　　)하고 있기 때문이에요.
  - ☐ 고령화
  - ☐ 개인화

꼼꼼히 읽기 의대 정원에 대한 설명으로 틀린 것을 고르세요. (　　)

① OECD 회원국의 의사 수는 인구 1,000명당 3.7명꼴인데 우리나라는 1,000명당 2.6명 정도이다.
② 의료계는 의대 정원을 늘리는 데 반대하고 있다.
③ 의대 정원이 늘어나면 국가 과학기술 인력 양성이 수월해질 거라는 예상도 나온다.

어휘 익히기 다음 초성 힌트와 설명을 보고 해당하는 어휘를 적어 보세요.

- ㅈㅇ　　　　일정한 규정에 따라 정한 인원.
- ㅂㄷ　　　　같은 현상이나 일이 반복되는 횟수.
- ㅇㄹㄱ　　　병을 치료하는 일에 종사하는 사람들의 활동 분야.

요약 정리하기 괄호 안에 알맞은 말을 넣어 기사를 요약해 보세요.

정부가 의대 입학 정원 3,058명을 2025학년도 대학 입시부터 (　　　　)하겠다고 발표한 이후 혼란이 계속되고 있어요.

생각 곱씹기 의대 정원 확대에 찬성, 반대 중 하나를 선택해 이유와 함께 적어 보세요.

_____

_____

대중교통 전용지구가 필요할까?

> **미리보기사전**
>
> **대중교통 전용지구**
> 버스 등 대중교통과 구급차, 자전거, 보행자만 통행할 수 있도록 지정한 구역을 말해요.

서울시는 2023년 10월 1일부터 서울 서대문구 신촌의 연세로를 대중교통 전용지구로 다시 운영하고 있어요. 반면 대구시는 2023년 11월 1일부터 대구 중앙로 북편의 대중교통 전용지구 지정을 해제했어요. 서울시와 대구시는 왜 다른 결정을 내렸을까요?

서울시는 대중교통 전용지구 운영

2014년 1월 서울시는 신촌로터리부터 연세대삼거리까지 550m 거리를 대중교통 전용지구로 지정했어요. 승용차와 택시의 통행을 금지하고, 차도와 보도 사이 턱을 없애 걷기 좋은 거리로 만들었어요. 그러자 지역 상인들이 손님들이 찾아오지 않는다면서 대중교통 전용지구 해제를 요청했어요. 이에 서울시는 2023년 1월 20일부터 9월 30일까지 모든 차량의 통행을 허용했다가 10월 1일부터 다시 대중교통 전용지구로 운영하고 있어요. 서울시는 교통, 환경, 상권 등의 영향을 살핀 뒤 2024년 6월에 전용지구 지정을 결정해요.

대구시는 14년 만에 대중교통 전용지구 해제

대구시는 2009년 전국에서 처음으로 지정한 대중교통 전용지구인 중앙로 북편 구간을 14년 만인 2023년 11월에 해제했어요. 인근 지역이 잇따라 개발되면서 차량 통행이 많아졌고 침체된 지역 상권을 살리겠다는 게 이유였어요. 대중교통 전용지구 지정을 찬성하는 이들은 교통 체증을 막고 대기 질을 개선하는 등 기후 위기에 어울리는 정책이라고 봤지만, 반대하는 이들은 지역 상점의 영업에 방해가 된다고 이야기해요.

핵심 단어 찾기 빈칸에 들어갈 알맞은 단어를 찾아 ☑ 표 하세요.

- 서울시는 2023년 10월 1일부터 서울 서대문구 신촌의 연세로를 ☐ 반려동물 전용지구
  (　　　)로 다시 운영하기로 했어요. ☐ 대중교통 전용지구

꼼꼼히 읽기 서울시 대중교통 전용지구에 대한 설명으로 틀린 것을 고르세요. (　　　)

① 2014년 1월 서울시는 신촌로터리부터 연세대삼거리까지 550m 거리를 대중교통 전용지구로 지정해 구급차와 택시의 통행을 금지했다.
② 지역 상인들이 대중교통 전용지구 해제를 요청하자 서울시는 2023년 1월 20일부터 9월 30일까지 모든 차량의 통행을 허용했다.
③ 서울시는 2024년 6월에 대중교통 전용지구 지정을 결정할 예정이다.

어휘 익히기 다음 초성 힌트와 설명을 보고 해당하는 어휘를 적어 보세요.

- ㅎㅈ　　묶인 것이나 행동에 제약을 가하는 법령을 풀어 자유롭게 함.
- ㅅㄱ　　상업상의 세력이 미치는 범위.
- ㅊㅊ　　어떤 현상이나 사물이 진전하지 못하고 제자리에 머무름.

요약 정리하기 괄호 안에 알맞은 말을 넣어 기사를 요약해 보세요.

대중교통 전용지구 지정을 찬성하는 이들은 (　　　)을 막고 대기 질을 개선하는 정책이라고 주장해요. 반대하는 이들은 지역 상점의 (　　　)에 방해가 된다고 이야기해요.

생각 곱씹기 대중교통 전용지구 지정에 찬성, 반대 중 하나를 선택해 이유와 함께 적어 보세요.

_____

_____

소년범은 처벌받지 않는다?

> **미리 보기 사전**
>
> **소년범**
> 죄를 저지른 19세 미만인 사람을 말해요. 소년범은 나이에 따라 만 10세 미만은 범법소년, 10세~14세 미만은 촉법소년, 14세~19세 미만은 범죄소년으로 나뉘어요.

2023년 11월 17일 서울의 한 아파트에서 8세 어린이가 던진 돌에 70대 노인이 맞아 숨지는 끔찍한 사고가 발생했어요. 범행을 저지른 아이는 10세 미만이라 형사처벌을 받지 않고 마무리되었어요. 이를 두고 소년범 처벌 여부에 대한 논란이 일었어요.

현재 형사처벌을 받는 나이는 14세 이상

논란의 핵심은 형사처벌을 받는 나이를 지금보다 낮추는 것이에요. 지금은 만 10세 미만 범법소년은 형사처벌에서 제외되고, 10세~14세 미만인 촉법소년은 사회봉사명령이나 소년원 송치 등 보호처분을 받으며 전과 기록도 남지 않아요. 14세~19세 미만인 범죄소년은 형사처벌을 할 수 있고요. 최근 14세 미만 촉법소년의 범죄가 늘어나면서 형사처벌 나이를 더 낮추도록 법을 개정해야 한다는 의견과 아직은 시기상조라는 의견이 팽팽히 맞서고 있어요.

형사처벌 나이를 낮추는 것에 찬반 의견

소년범의 형사처벌 나이를 더 낮춰야 한다는 사람들은 죄를 지으면 미성년자도 처벌받는다는 인식이 생겨야 한다고 주장해요. 현재 14세 미만이면 죄를 지어도 형사처벌을 받지 않기에 이를 악용해 미성년자의 범죄가 더 늘어난다는 이야기예요. 반면 이에 반대하는 사람들은 나이가 어릴수록 교육해서 교화할 가능성이 크다고 주장해요. 형사처벌이 능사가 아니라는 것이죠. 양측의 의견이 팽팽히 맞서고 있어 정부가 어떻게 개선해 나갈지 귀추가 주목돼요.

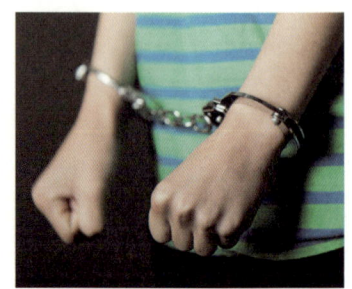

핵심 단어 찾기 빈칸에 들어갈 알맞은 단어를 찾아 ✓ 표 하세요.

- ( )은 죄를 저지른 19세 미만인 사람을 말해요.

- 소년범은 ( )에 따라 세 부류로 나뉘어요.

☐ 공범
☐ 소년범
☐ 덩치
☐ 나이

꼼꼼히 읽기 소년범에 대한 설명으로 틀린 것을 고르세요. ( )

① 만 10세 미만은 범법소년, 10세~14세 미만은 촉법소년, 14세~19세 미만은 범죄소년이라고 한다.
② 소년범 논란의 핵심은 형사처벌을 받는 나이를 지금보다 높이는 것이다.
③ 현재 만 10세 미만 범법소년은 형사처벌에서 제외된다.

어휘 익히기 다음 초성 힌트와 설명을 보고 해당하는 어휘를 적어 보세요.

- ㅎ ㅅ ㅊ ㅂ   위법 행위를 한 자에게 법률적으로 형사 책임을 묻는 일.

- ㅂ ㅎ ㅊ ㅂ   법원이 죄를 범한 소년을 선도하려고 행하는 처분.

- ㄱ ㅎ   가르치고 이끌어서 좋은 방향으로 나아가게 함.

요약 정리하기 괄호 안에 알맞은 말을 넣어 기사를 요약해 보세요.

소년범의 ( ) 나이를 더 낮춰야 한다는 사람들은 죄를 지으면 미성년자도 ( )을 받는다는 인식이 생겨야 한다고 주장해요.

생각 곱씹기 소년범의 형사처벌 나이를 낮추는 데 찬성, 반대 중 하나를 선택해 이유와 함께 적어 보세요.

계속 늘어나는 외국인 노동자

> **외국인 노동자**
> 우리나라에서 일하는 외국 국적 노동자를 말해요.
>
> 미리보기사전

정부가 2024년 우리나라에서 일할 외국인 노동자 수를 크게 늘리겠다고 발표했어요. 2023년에는 12만 명이었는데 2024년에는 16만 5,000명으로 전년보다 37.5% 늘렸어요. 산업 현장의 인력난이 심각해서 이를 해결하려는 조처라고 해요.

17개 나라에서 비숙련 노동자 16만 5,000명 입국

이번에 늘어나는 외국인 노동자는 비전문취업(E-9)비자를 가진 비숙련 노동자예요. E-9비자를 가진 외국인은 농축산업, 어업, 제조업 등 내국인 노동자들이 기피하는 업종에서만 일할 수 있었는데요. 2024년부터는 음식점업과 임업, 광업 등 새로운 업종에서도 일할 수 있게 됐어요. 외국인 노동자의 국적도 기존 16개 나라에 타지키스탄을 추가해 17개 나라에서 노동자를 받게 되었어요. 정부는 추후 가사·요양보호 등 돌봄 분야에도 외국 노동자를 도입하겠다고 밝혔어요.

기피 업종의 인력 부족이 원인

정부가 이런 정책을 펼치게 된 것은 기피 업종의 인력 부족 때문이에요. 업무 강도가 높고 급여 수준이 낮은 업종에서는 일할 사람을 구하지 못하고 있거든요. 대표적으로 제조업 취업자 수는 계속해서 감소하고 있어요. 또 일자리를 구하지 않고 그냥 '쉬는' 인구도 증가하고 있어서 정부가 외국인 노동자 수를 늘리게 된 거예요. 저출생 현상에 따라 앞으로 생산 인구는 더욱 줄어들 거예요. 따라서 외국인 노동자 수도 계속 늘어날 전망이에요.

핵심 단어 찾기 빈칸에 들어갈 알맞은 단어를 찾아 ☑ 표 하세요.

- 정부가 2024년 우리나라에서 일할 (　　)수를 크게 늘리겠다고 발표했어요.
- 산업 현장의 (　　)이 심각해서 이를 해결하려는 조처라고 해요.

☐ AI 로봇
☐ 외국인 노동자
☐ 인력난
☐ 무인 시스템

꼼꼼히 읽기 외국인 노동자에 대한 설명으로 틀린 것을 고르세요. (　　)

① 이번에 늘어나는 외국인 노동자는 비전문취업(E-9)비자를 가진 비숙련 노동자이다.
② 올해부터 음식점업과 임업, 광업 등 새로운 업종에서도 E-9비자를 가진 외국인이 일할 수 있다.
③ 정부는 가사·요양보호 등 돌봄 분야에는 외국 노동자를 도입하지 않겠다고 밝혔다.

어휘 익히기 다음 초성 힌트와 설명을 보고 해당하는 어휘를 적어 보세요.

- ㅂㅅㄹ　　　능숙하게 익히지 못함.
- ㅇㅇㅂㅎ　　누군가에게 의존해야 하거나 장애를 지닌 노인에게 장기간에 걸쳐 일상생활의 수행 능력을 도와주려고 제공하는 보호 서비스.
- ㅅㅅㅇㄱ　　생산 활동이 가능한 인구.

요약 정리하기 괄호 안에 알맞은 말을 넣어 기사를 요약해 보세요.

정부가 외국인 노동자 수를 늘리게 된 것은 기피 업종의 (　　　　　) 때문이에요. 업무 강도가 높고 급여 수준이 낮은 업종에서는 일할 사람을 구하지 못하고 있어요.

생각 곱씹기 외국인 노동자가 우리나라에 정착할 수 있도록 정부는 어떤 뒷받침을 해야 할까요?

2024년 핵심 단어 '분초 사회'

> **미리 보기 사전**
>
> **분초 사회**
> 시간 효율성을 극대화하고자 분초를 다투며 사는 사회를 말해요.

연말이 되면 전문가들이 다음 해의 트렌드를 전망해 발표하곤 해요. 2023년 연말에 꼽은 2024년의 트렌드 중 하나가 '분초 사회'였어요. '분초 사회'는 어떤 현상을 말할까요?

시간이 부족한 현대인들

'분초 사회'는 김난도 서울대학교 소비자학과 교수가 2024년의 핵심 단어로 꼽으며 사람들에게 알려졌어요. 시간이 개인에게 중요한 희소 자원이 되면서 사람들은 분초를 다투며 살고 있어요. 가격 대비 성능 효율을 의미하는 '가성비'만큼이나 시간 대비 성능 효율을 따지는 '시성비'가 중요하게 인식되는데요, 이러한 사회 현상을 아우르는 단어가 바로 '분초 사회'예요.

짧고 핵심만 제시하는 콘텐츠 선호

분초 사회의 단면으로 시간을 아껴 주는 서비스에 관심이 높아지고 있어요. 빨래를 수거해 세탁 후 배달해 주는 서비스를 이용하는 사람이 늘었고, 짧은 시간 운동할 수 있는 '짬PT' 서비스도 직장인에게 인기예요. 또 시간을 아끼려고 영화나 드라마를 1.5배속으로 보는 사람도 늘고 있어요. 유튜브의 '숏츠'가 원본 영상보다 조회 수가 훨씬 높은 것은 이미 오래된 일이고요. 사람들은 짧은 길이로 핵심, 결론만 제시하는 콘텐츠를 선호하고 있어요. 그러다 보니 종이책 독서량은 급격히 감소하고 있지만, 책 내용을 5분으로 압축해 알려 주는 '쇼트북' 서비스 이용자는 늘고 있다고 해요.

핵심 단어 찾기 빈칸에 들어갈 알맞은 단어를 찾아 ☑ 표 하세요.

- 김난도 서울대학교 소비자학과 교수가 2023년 연말에 꼽은 2024년의 트렌드 중 하나가 (   )예요.
- 시간이 개인에게 중요한 (   )이 되면서 사람들은 분초를 다투며 살고 있어요.

☐ 기초 사회
☐ 분초 사회
☐ 잉여 자원
☐ 희소 자원

꼼꼼히 읽기 분초 사회에 대한 설명으로 틀린 것을 고르세요. (   )

① 분초 사회는 시간 효율성을 극대화하고자 분초를 다투며 사는 사회를 말한다.
② 사람들이 분초를 다투며 살면서 시간 대비 성능 효율을 따지는 '시성비'가 중요하게 인식된다.
③ 독서량과 함께 책 내용을 5분으로 압축해 알려 주는 '쇼트북' 서비스 이용자도 줄고 있다.

어휘 익히기 다음 초성 힌트와 설명을 보고 해당하는 어휘를 적어 보세요.

- ㅂㅊ   시간의 단위인 분과 초를 아울러 이르는 말. 매우 짧은 시간.
- ㅌㄹㄷ   어떤 현상에서 나타나는 일정한 방향.
- ㅎㅅㅈㅇ   요구되는 양은 많으나 사용할 수 있는 양이 한정된 자원.

요약 정리하기 괄호 안에 알맞은 말을 넣어 기사를 요약해 보세요.

분초 사회를 사는 사람들에게는 시간 대비 성능 효율을 따지는 (   )가 중요하게 인식돼요.

생각 곱씹기 분초 사회의 단점에는 어떤 것이 있을지 적어 보세요.

_____

_____

스스로를 가두는 청년들이 있어요

> **미리 보기 사전**
> **은둔 청년**
> 사회 활동을 하지 않고 제한된 공간에 스스로를 가둔 청년을 말해요.

2023년 12월 정부는 고립·은둔 청년 지원방안을 발표했어요. 스스로를 고립시키고 은둔하는 청년이 얼마나 많기에 정부가 이런 정책을 마련했을까요?

고립 청년 54만 명 중 은둔 청년 24만 명

정부가 파악한 바에 따르면 사회 활동이 줄어 긴급한 상황에서 도움을 받기 힘든 '고립 청년'이 우리나라에 54만 명이나 된다고 해요. 이 가운데 사회 활동을 전혀 하지 않고 스스로를 가둔 '은둔 청년'은 24만 명에 달한다고 추산했어요. 한창 공부하거나 일해야 할 청년이 은둔하면서 이에 따른 사회적 손실은 1년에 약 7조 원으로 추정돼요. 이렇게 고립·은둔 청년 문제가 심각해진 것은 팬데믹을 거치면서 사회적 관계가 허물어지고 질병이나 장애 없이 구직 활동을 하지 않는 이른바 '그냥 쉬는' 청년이 크게 늘어난 탓이라고 해요.

취업 실패와 대인관계 어려움이 은둔 이유

한국보건사회연구원이 2023년 고립·은둔 경험이 있는 청년 8,874명을 조사한 결과 고립·은둔을 시작한 나이대는 20대(60.5%)와 10대(23.8%)가 가장 많았고, 주된 이유는 취업 실패(24.1%)와 대인관계 어려움(23.5%)이었어요. 정부가 고립·은둔 청년을 위해 대책을 내놓았다는 것은 그만큼 문제가 심각하다는 이야기예요. 정부는 2024년 하반기에 이들이 비대면으로 도움을 요청할 수 있는 온라인 사이트를 만들고, 고위험군을 선별해 관리하기로 했어요.

핵심 단어 찾기 빈칸에 들어갈 알맞은 단어를 찾아 ✓ 표 하세요.

- 사회 활동을 하지 않고 제한된 공간에 스스로를 가둔 청년을 (　　)이라고 해요.
- (　　)을 전혀 하지 않고 제한된 공간에 스스로를 가둔 은둔 청년은 24만 명이에요.

☐ 은둔 청년
☐ 자립 청년
☐ 사회 활동
☐ 봉사 활동

꼼꼼히 읽기 은둔 청년에 대한 설명으로 틀린 것을 고르세요. (　　)

① 청년들이 은둔하면서 이에 따른 사회적 손실은 1년에 약 7조 원으로 추정된다.
② 고립·은둔 청년 문제가 심각해진 것은 구직 활동을 하지 않는 '그냥 쉬는' 청년이 크게 늘어난 탓이다.
③ 청년들이 고립·은둔을 시작한 나이대는 30대가 가장 많았다.

어휘 익히기 다음 초성 힌트와 설명을 보고 해당하는 어휘를 적어 보세요.

- ㅇㄷ　　　　세상일을 피하여 숨음.
- ㄱㅈ　　　　일정한 직업을 찾음.
- ㄱㅇㅎㄱ　　위험이 높은 사람들의 부류나 집단.

요약 정리하기 괄호 안에 알맞은 말을 넣어 기사를 요약해 보세요.

정부가 (　　　　　)을 위해 대책을 내놓았다는 것은 그만큼 문제가 심각하다는 이야기예요. 정부는 2024년 하반기에 고위험군을 선별해 관리하기로 했어요.

생각 곱씹기 정부가 고립·은둔 청년을 위해 어떤 정책을 펼치면 좋을까요? 한 가지만 적어 보세요.

대한민국은 수도권 공화국

> **미리 보기 사전**
>
> **지방 소멸**
> 지역의 인구가 줄어들어 결국 행정구역이 사라져 없어지는 것을 말해요. 우리나라는 이미 지방 소멸이 시작되었어요.

2023년 수도권(서울·경기·인천) 인구는 전체 인구의 50.69%나 돼요. 국토 전체의 1/10 정도밖에 되지 않는 땅에 인구의 절반 이상이 모여 살고 있는 거예요. 수도권과 비수도권의 인구 격차가 역대 최대로 벌어진 상황에서 지방 소멸은 점점 현실이 되고 있어요.

전체 인구 감소에 수도권 쏠림까지

수도권 인구가 비수도권 인구보다 많아진 것은 2019년부터예요. 수도권 인구가 많아진다는 것은 비수도권, 즉 지방 인구가 줄어든다는 의미예요. 우리나라 인구가 2020년부터 자연 감소하고 있는 상황에서 지역 인구까지 수도권으로 몰려들면서 지방 소멸이 더욱 빨라질 거라는 우려가 나오고 있어요.

지방의 일자리 부족이 주원인

전문가들은 지방에 일자리가 부족한 것이 지방 소멸의 주된 원인이라고 이야기해요. 사람들이 일자리를 찾아 수도권으로 이동하면서 지방이 비게 된다는 거예요. 과거 지방에 혁신도시를 만들고 공기업과 공공기관을 이전하면서 지방 소멸을 막으려고 했지만, 다양한 인프라가 구축되어 있고 일자리도 많은 수도권 쏠림 현상은 계속되고 있어요. 지방 도시의 경제 기반이 무너지면 이 비용은 국민 모두가 감당해야 해요. 적절한 대책이 시급한 때예요.

핵심 단어 찾기 빈칸에 들어갈 알맞은 단어를 찾아 ✓ 표 하세요.

- 지역 인구가 줄어들어 결국 행정구역이 사라져 없어지는 것을
  (　　) 이라고 해요.

- 2023년 (　　) 인구는 전체 인구의 50.69%예요.

☐ 지방 분권
☐ 지방 소멸
☐ 수도권
☐ 광역시

꼼꼼히 읽기 지방 소멸에 대한 설명으로 틀린 것을 고르세요. (　　)

① 수도권 인구가 비수도권 인구보다 많아진 것은 2019년부터이다.
② 수도권 인구가 많아진다는 것은 비수도권, 즉 지방 인구가 늘어난다는 의미이다.
③ 우리나라 인구는 2020년부터 자연 감소하고 있다.

어휘 익히기 다음 초성 힌트와 설명을 보고 해당하는 어휘를 적어 보세요.

- ㅅ ㄷ ㄱ　　수도를 중심으로 이루어진 대도시권.

- ㄱ ㄱ ㅇ　　국가나 지방자치단체가 사회 공공의 복리를 증진하려고 경영하는 기업.

- ㅇ ㅍ ㄹ　　생산이나 생활의 기반을 형성하는 도로, 학교, 병원 등의 구조물.

요약 정리하기 괄호 안에 알맞은 말을 넣어 기사를 요약해 보세요.

사람들이 일자리를 찾아 수도권으로 이동하면서 (　　　　)이 비게 돼요. 수도권에는 다양한 인프라가 구축되어 있고 일자리도 많기 때문이에요.

생각 곱씹기 지방에서도 가장 먼저 소멸할 지역은 어떤 곳일까요?

_____

_____

숏폼 중독! 도파민이 뭐길래

> **미리보기사전**
>
> **도파민(Dopamine)**
> 신경 세포인 뉴런 간에 화학적 신호를 전달하는 신경 전달 물질이에요. 도파민은 에너지, 의욕, 흥미 등을 부여하는 물질로 알려져 있어요.

2024년 초 한 예능 프로그램에 출연한 연예인이 하루에 휴대전화를 11시간 정도 사용하는데, 주로 숏폼(Short-form)을 본다고 밝혔어요. 최근 숏폼을 시청하는 이용자가 늘면서 도파민 중독 우려가 커졌어요.

짧은 시간에 짜릿한 재미를 주는 숏폼

숏폼은 유튜브나 인스타그램 등에서 볼 수 있는 1분 이내 짧은 영상을 말해요. 예능, 드라마, 영화 등의 주요 장면이나 일상을 재미있게 담은 브이로그를 짧게 만들어 보여 줘요. 짧은 시간에 짜릿한 재미를 주다 보니 시간 가는 줄 모르고 보게 돼요. 숏폼은 젊은 세대에서 폭발적 인기를 얻은 뒤 어린이부터 노인까지 전 세대에 걸쳐 시청되고 있어요. 그러다 보니 여러 가지 문제점도 나오고 있어요.

숏폼 중독은 도파민 중독으로 이어져

숏폼은 시각적, 내용적으로 자극적인 데다 새로운 자극을 계속해서 제공해요. 그러면 우리 뇌 안의 신경 회로는 반복적으로 도파민을 분비하게 돼요. 도파민은 새롭거나 자극적인 경험을 할 때 분비되는데, 의존증과 내성 등 부작용이 따라요. 그래서 숏폼을 한번 보게 되면 쉽게 끊지 못하고, 더 자극적인 영상을 자꾸 찾아보게 되는 거예요. 숏폼에 길들면 학습 능력에도 영향을 미쳐요. 우리 뇌가 짧은 시간에 빠르게 진행하는 콘텐츠에 익숙해지면, 길게 집중해야 하는 학습 능력이 떨어지기 때문이에요.

핵심 단어 찾기 빈칸에 들어갈 알맞은 단어를 찾아 ☑ 표 하세요.

- ( ) 은 에너지, 의욕, 흥미 등을 부여하는 물질로 알려져 있어요.

- ( ) 은 유튜브나 인스타그램 등에서 볼 수 있는 1분 이내 짧은 영상을 말해요.

☐ 도파민
☐ 단백질
☐ 숏폼
☐ 틱톡

꼼꼼히 읽기 숏폼과 도파민에 대한 설명으로 틀린 것을 고르세요. ( )

① 숏폼이 새로운 자극을 계속해서 제공하면 우리 뇌 안의 신경 회로는 반복적으로 도파민을 분비한다.
② 도파민은 새롭거나 자극적인 경험을 할 때 분비된다.
③ 숏폼을 한번 보게 되면 쉽게 끊을 수 있다.

어휘 익히기 다음 초성 힌트와 설명을 보고 해당하는 어휘를 적어 보세요.

- ⓑ ⓞ ⓡ ⓖ   '비디오(video)'와 '블로그(blog)'의 합성어. 자신의 일상을 동영상으로 촬영한 영상 콘텐츠를 말한다.

- ⓞ ⓩ ⓩ   다른 것에 의지해 생활하거나 존재하려는 경향이 심한 심리적 상태.

- ⓝ ⓢ   약물을 반복 복용함으로써 약효가 저하하는 현상.

요약 정리하기 괄호 안에 알맞은 말을 넣어 기사를 요약해 보세요.

숏폼은 새로운 ( )을 계속해서 제공해요. 그러면 우리 뇌 안의 신경 회로는 반복적으로 ( )을 분비하게 돼요.

생각 곱씹기 숏폼을 시청할 때 스스로 지킬 규칙을 만들어 적어 보세요.

전화로도 진료를 받는 시대

> **미리보기사전**
> **비대면 진료**
> 의사가 환자를 직접 만나지 않고 전화 또는 화상통화를 이용해 진찰하고 치료하는 것을 말해요.

병원에 찾아가 의사를 직접 만나지 않아도 진료받을 수 있는 것이 비대면 진료인데요, 2023년 12월 그 폭이 넓어졌어요.

야간과 휴일에 누구든 비대면 진료 혜택

정부는 2023년 12월 15일부터 비대면 진료 시범사업 대상과 범위를 대폭 확대했어요. 이제 야간과 휴일에 누구나 비대면 진료로 약 처방까지 받을 수 있게 된 거예요. 전국 시군구 거주자의 40%는 '의료 접근 취약군'으로 분류돼 언제나 비대면 진료를 받을 수 있어요. 또 6개월 안에 대면 진료를 받은 병·의원이라면 어떤 질환이든 비대면 진료를 요청할 수 있고요. 환자의 편의를 고려한 의미 있는 변화라는 평가가 따랐어요.

문을 연 약국이 없으면 처방 약 받을 수 없어

비대면 진료를 이용하는 사람은 대부분 경증 환자예요. 기침을 멎게 하거나 발열 증상을 완화하려면 당장 처방 약이 필요해요. 하지만 야간이나 휴일에 비대면 진료를 받고도 그 시간에 문을 연 약국이 없으면 처방 약을 받을 수 없어요. 그래서 비대면 진료가 아니라 비대면 의료 상담에 그친다는 불만이 나오고 있어요. 진료와 약 처방만 받을 수 있고 정작 약이 배송되지 않는 서비스로는 환자 편의를 높이는 데 한계가 있다는 거예요.

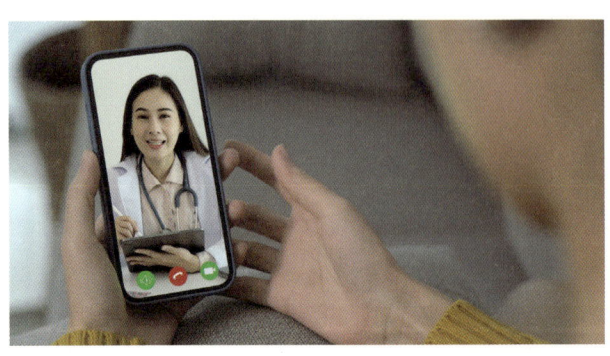

핵심 단어 찾기 빈칸에 들어갈 알맞은 단어를 찾아 ✓표 하세요.

- 의사가 환자를 직접 만나지 않고 전화 또는 화상통화로 진찰하고 치료하는 것을 (　　) 라고 해요.
- 이제 야간이나 휴일에도 누구나 비대면 진료로 (　　) 까지 받을 수 있게 됐어요.

☐ 비대면 진료
☐ 대면 진료
☐ 약 처방
☐ 수술

꼼꼼히 읽기 비대면 진료에 대한 설명으로 틀린 것을 고르세요. (　　)

① 2023년 12월 15일부터 비대면 진료 시범사업 대상과 범위가 대폭 축소되었다.
② 전국 시군구 거주자의 40%는 '의료 접근 취약군'으로 분류돼 언제나 비대면 진료를 받을 수 있다.
③ 6개월 안에 대면 진료를 받은 병·의원이라면 환자는 어떤 질환이든 비대면 진료를 요청할 수 있다.

어휘 익히기 다음 초성 힌트와 설명을 보고 해당하는 어휘를 적어 보세요.

- ㅂ ㄷ ㅁ　　서로 얼굴을 마주 보고 대하지 않음.
- ㅊ ㅂ　　병을 치료하려고 증상에 따라 약을 짓는 방법.
- ㄱ ㅈ　　병의 정도가 가벼운 상태.

요약 정리하기 괄호 안에 알맞은 말을 넣어 기사를 요약해 보세요.

정부는 2023년 12월 15일부터 (　　　　) 시범사업 대상과 범위를 대폭 확대했어요. 이제 야간이나 휴일에 누구나 (　　　　)로 약 처방까지 받을 수 있게 됐어요.

생각 곱씹기 비대면 진료의 한계를 개선하려면 어떻게 해야 할까요?

_____
_____

착한 기업, 돈쭐나 볼래?

> **미리보기사전**
>
> **보이콧(Boycott) / 바이콧(Buycott)**
> 보이콧은 특정 제품을 사지 않기로 결의해 판매자에게 압박을 가하는 조직적 운동을 의미해요. 반대로 바이콧은 어떤 제품의 소비를 권장하는 행동을 말해요.

보이콧과 바이콧은 한 음절 차이이지만 정반대 뜻을 지닌 단어예요. 가치 소비를 중요시하는 요즘, 보이콧과 바이콧을 알아봅니다.

가치 소비 시대에 보이콧 참여 늘어

최근 특정 기업의 제품을 두고 불매 운동이 일어난 적이 있어요. 일본이 과거 침략의 역사를 제대로 반성하지 않자, 일본 기업의 제품을 대상으로 불매 운동이 일어났고, 일하던 노동자가 기계에 끼어 사망하는 사고가 연이어 일어난 제빵기업의 제품을 대상으로도 불매 운동이 일어났어요. 이러한 불매 운동을 '보이콧'이라고 해요. 보이콧은 공정과 평등, 책임 등의 가치를 지키지 않는 기업이나 정부를 향해 일반 소비자가 벌이는 가치 소비 운동이에요.

바이콧으로 돈쭐내며 응원하고 지지

'돈쭐낸다.'는 말을 들어 봤나요? '돈쭐내다.'는 '돈'과 '혼쭐내다.'의 합성어인데, 선행을 베푼 기업이나 자영업자의 물건을 구매함으로써 지지하는 뜻을 전달하는 것을 말해요. 이런 '돈쭐내기'의 다른 말이 바로 '바이콧'이에요. 특정 기업이나 제품을 지지하여 적극적으로 구매하는 운동을 말해요. 몇 년 전 한 식당에서 밥을 굶는 아이들에게 무료로 음식을 제공한 사실이 알려지자 사람들이 그 식당을 찾아가 매출을 올려 준 일이 있는데, 그게 바로 바이콧이에요. 또 환경보호에 진심인 기업의 제품을 적극적으로 구매해 지지하는 일도 바이콧의 한 사례예요.

핵심 단어 찾기 빈칸에 들어갈 알맞은 단어를 찾아 ✅ 표 하세요.

- (　　)은 특정 제품을 사지 않기로 결의해 판매자에게 압박을 가하는 조직적 운동을 의미해요.
  - ☐ 보이콧
  - ☐ 바이콧

- (　　)은 어떤 제품의 소비를 권장하는 행동을 말해요.
  - ☐ 보이콧
  - ☐ 바이콧

꼼꼼히 읽기 보이콧에 대한 설명으로 틀린 것을 고르세요. (　　)

① 일본이 과거 침략의 역사를 제대로 반성하지 않자, 일본 기업의 제품 불매 운동이 일어났다.
② 일하던 노동자가 기계에 끼어 사망하는 사고가 연이어 일어난 제빵기업의 불매 운동도 있었다.
③ 보이콧은 일반 소비자는 벌일 수 없는 정부 차원의 가치 소비 운동이다.

어휘 익히기 다음 초성 힌트와 설명을 보고 해당하는 어휘를 적어 보세요.

- ㄱ ㅊ ㅅ ㅂ　　소비자가 가치 판단을 토대로 제품을 구매하는 합리적인 소비 방식.

- ㅂ ㅁ ㅇ ㄷ　　항의하는 뜻을 드러내고자 특정 제품을 사지 아니하는 운동.

- ㅅ ㅎ　　착하고 어진 행실.

요약 정리하기 괄호 안에 알맞은 말을 넣어 기사를 요약해 보세요.

'돈쭐내기'라고도 하는 (　　　　)은 특정 기업이나 제품을 지지하여 적극적으로 구매하는 운동을 말해요.

생각 곱씹기 지금 바이콧을 하고 싶은 제품이나 기업이 있나요? 이유와 함께 적어 보세요.

_____

_____

주민등록 인구통계가 알려 주는 현실

2023 주민등록 인구통계 *미리 보기 사전*

2023년 12월 31일을 기준으로 만든 인구통계이며 정부가 2024년 1월 10일에 발표했어요. 국내에 주소지를 둔 재외 국민은 포함되지만 외국인은 제외돼요.

2024년 초등학교에 입학하는 학생이 처음으로 40만 명을 밑돌았어요. 정부가 공개한 '2023년 주민등록 인구통계'에 따르면 2024년 초등학교에 입학한 학생은 36만 4,740명이에요. 2023년에 41만 3,162명이었으니 4만 8,422명이나 줄어들었어요.

2027년 초등 입학생은 30만 명 밑으로

초등학교 입학생 수는 인구 변동을 그대로 보여 주는 바로미터(barometer)이기도 해요. 2025년에는 32만 명, 2027년에는 28만 명 등 앞으로도 초등학교 입학생 수는 크게 줄어들 전망이에요. 학생 수가 줄어들다 보니 2024년 문을 닫을 초·중·고교는 전국에 33곳이나 돼요. 한편 2023년 말 기준으로 우리나라 인구는 5,132만 5,329명으로, 4년 연속 인구가 줄어들고 있어요.

초고령사회까지 1% 남았다

반대로 70대 이상 인구는 631만 9,402명이며 최초로 20대 인구(619만 7,486명)를 추월했어요. 예상보다 빠르게 우리나라는 초고령사회로 달려가고 있어요. 저출생 현상이 이어지고 평균 수명이 증가하면서 나타난 현상이에요. 국제연합(UN)은 65세 이상 인구의 비율이 20% 이상인 사회를 초고령사회로 분류하는데, 2023년 기준 우리나라의 65세 이상 인구는 전체 인구의 19%를 차지했어요.

핵심 단어 찾기 — 빈칸에 들어갈 알맞은 단어를 찾아 ☑ 표 하세요.

- (　　)에 국내에 주소지를 둔 재외 국민은 포함되지만 외국인은 제외돼요.
  - ☐ 외국인 통계
  - ☑ 주민등록 인구통계

- 2024년 (　　)에 입학하는 학생이 최초로 40만 명을 밑돌았어요.
  - ☐ 초등학교
  - ☐ 고등학교

꼼꼼히 읽기 — 주민등록 인구통계에 대한 설명으로 틀린 것을 고르세요. (　　)

① 2024년 초등학교에 입학한 학생은 36만 4,740명이며 2023년의 41만 3,162명보다 4만 8,422명이나 줄었다.
② 초등학교 입학생 수는 인구 변동과 상관없는 데이터이다.
③ 앞으로 초등학교 입학생 수는 크게 줄어들 전망이다.

어휘 익히기 — 다음 초성 힌트와 설명을 보고 해당하는 어휘를 적어 보세요.

- ㅈㅇㄱㅁ　　국외에 거주하고 있으나 우리나라 국적을 가진 사람.

- ㅂㄹㅁㅌ　　사물의 수준이나 상태를 아는 기준이 되는 것.

- ㅈㅊㅅ　　일정한 기간에 태어난 사람의 수가 적음.

요약 정리하기 — 괄호 안에 알맞은 말을 넣어 기사를 요약해 보세요.

예상보다 빠르게 우리나라는 (　　　　　　　)로 달려가고 있어요. 저출생 현상이 이어지고 평균 수명이 증가하면서 나타난 현상이에요.

생각 곱씹기 — 70대 인구가 20대 인구보다 많아지면 어떤 일이 벌어질까요?

_____

_____

○리단길을 떠나는 사람들

미리 보기 사전

젠트리피케이션(Gentrification)
외부인이 유입되면서 본래 거주하던 원주민이 밀려나는 현상을 말해요.

서울 망리단길, 수원 행리단길, 경주 황리단길. 이름 앞 자만 다른 ○리단길은 다른 곳에서 볼 수 없는 트렌디한 상점과 독특한 분위기로 사람들이 모여드는 거리를 부르는 명칭이에요. 그런데 이렇게 ○리단길이 되는 것이 마냥 좋은 일만은 아니라고 해요.

전국에 나타난 ○리단길

○리단길의 시초는 서울 용산구 이태원동에 있는 '경리단길'이에요. 거리 초입에 육군중앙경리단이 있어서 경리단길로 불렸어요. 경리단길 근처에 미군 부대가 있어 외국인이 모여 살면서 이국적인 식당과 카페가 많아지자 젊은이들이 이곳에 몰리면서 유명해졌고, 이를 본뜬 ○리단길이 전국에 생겼어요. 그런데 문제가 생겼어요. ○리단길에 사람들이 몰리자 건물 주인들이 임대료를 올리기 시작했고, 이를 감당하지 못한 상인과 주민들이 다른 곳으로 떠나기 시작한 거예요.

둥지에서 내몰린 원주민

그러면서 ○리단길에 원래 살던 원주민은 사라지고 외부인이 유입되었어요. 이러한 현상을 젠트리피케이션이라고 해요. 다른 말로는 '둥지 내몰림'이라고 하죠. 젠트리피케이션은 주로 낙후되었다가 다시 발전하기 시작한 지역에서 일어나요. 임대료가 싼 공간을 찾던 상인이나 예술가들이 발전이 더딘 지역에 자리 잡아 독특한 활동을 펼치면서 입소문을 타지만, 결국에는 부동산 가격 상승을 감당하지 못하고 밀려나는 거예요. 대표적인 예가 전국에 있는 ○리단길이랍니다.

핵심 단어 찾기 빈칸에 들어갈 알맞은 단어를 찾아 ☑ 표 하세요.

- 외부인이 유입되면서 본래 거주하던 원주민이 밀려나는 현상을 ( )이라고 해요.
  - ☐ 인플레이션
  - ☐ 젠트리피케이션
- ( )은 다른 곳에서 볼 수 없는 트렌디한 상점과 독특한 분위기로 사람들이 모여드는 거리를 부르는 명칭이에요.
  - ☐ 로데오길
  - ☐ ○리단길

꼼꼼히 읽기 젠트리피케이션에 대한 설명으로 틀린 것을 고르세요. ( )

① ○리단길의 시초는 서울 마포구 망원동에 있는 망리단길이다.
② 전국의 ○리단길에 사람들이 몰리자 건물 주인들이 임대료를 올렸고, 이를 감당하지 못한 상인과 주민들이 떠나기 시작했다.
③ 젠트리피케이션은 다른 말로 '둥지 내몰림'이라고 한다.

어휘 익히기 다음 초성 힌트와 설명을 보고 해당하는 어휘를 적어 보세요.

- ⓞ ⓖ ⓩ   자기 나라가 아닌 다른 나라에 특징적인.
- ⓞ ⓓ ⓡ   남에게 물건이나 건물을 빌려준 대가로 받는 돈.
- ⓑ ⓓ ⓢ   토지나 건물 등 움직여 옮길 수 없는 재산.

요약 정리하기 괄호 안에 알맞은 말을 넣어 기사를 요약해 보세요.

상인이나 예술가들이 발전이 더딘 지역에 자리 잡아 독특한 활동으로 입소문을 타지만, 결국에는 부동산 가격 상승을 감당하지 못하고 밀려나는 것을 ( )이라고 해요.

생각 곱씹기 젠트리피케이션을 막으려면 정부가 어떤 정책을 펼쳐야 할까요?

_____

_____

개 식용은 이제 그만!

> **개 식용**
> 개고기를 먹는 것을 말해요.
>
> 미리보기사전

그동안 우리 사회에서는 개고기를 먹는 문제를 두고 찬반 논란이 있었어요. 특히 보양식으로 개고기를 찾는 여름마다 찬반 양측이 팽팽히 맞서곤 했지요. 그런데 이제 법으로 개 식용이 금지된다고 해요.

개를 식용 목적으로 도살하면 3년 이하 징역

그동안 우리나라에서 개고기는 전통 식문화로 인식돼 왔어요. 하지만 반려동물을 키우는 인구가 늘면서 개고기 소비가 줄어들고 있어요. 2024년 1월 국회에서는 '개 식용 종식 특별법'이 통과됐어요. 식용 목적으로 개를 사육, 도살, 유통, 판매하는 행위를 금지하는 법이에요. 앞으로는 개를 식용 목적으로 도살하면 3년 이하 징역 또는 3,000만 원 이하 벌금형을 받게 돼요. 유예 기간을 두어서 법안이 공포되고 3년 뒤에 벌칙 조항이 적용돼요. 2027년부터 본격적으로 우리나라에서 개 식용이 금지되는 거예요.

생존권 VS 혐오 문화

그러자 개 식용을 원하는 사람들이 반발했어요. 개고기는 우리 고유의 식문화이고 여전히 즐기는 사람들이 있는데, 그들의 음식 취향을 법으로 막을 필요가 있냐는 거예요. 대한육견협회 등 식용견 업계 종사자는 자신들의 생존권이 달린 문제라며 강하게 나섰고요. 반면에 동물보호단체들은 우리 사회가 개를 가족처럼 받아들이는 문화가 형성되었고, 개 식용을 혐오스럽게 여기는 세계적 분위기에 맞춰 가야 한다며 법의 국회 통과를 반겼어요.

핵심 단어 찾기 빈칸에 들어갈 알맞은 단어를 찾아 ✓ 표 하세요.

- 그동안 우리 사회에서는 (　　)를 먹는 문제를 두고 찬반 논란이 있었어요.
  - ☐ 소고기
  - ☐ 개고기

- 그동안 우리나라에서 개 식용은 (　　)로 인식돼 왔어요.
  - ☐ 전통 식문화
  - ☐ 외국 식문화

꼼꼼히 읽기 개 식용에 대한 설명으로 틀린 것을 고르세요. (　　)

① 반려동물을 키우는 인구가 늘면서 개고기 소비가 줄어들고 있다.
② 2024년 1월 국회에서 '개 식용 종식 특별법'이 통과됐다.
③ 식용견 업계 종사자들은 이번 특별법 통과를 반겼다.

어휘 익히기 다음 초성 힌트와 설명을 보고 해당하는 어휘를 적어 보세요.

- ㅅㅇ　　　　먹을 것으로 씀. 또는 그런 물건.
- ㅅㅁㅎ　　　먹는 일이나 먹는 음식에 관한 문화.
- ㅇㅇ　　　　소송 행위를 하거나 소송 행위의 효력이 발생하도록 일정한 기간을 둠.

요약 정리하기 괄호 안에 알맞은 말을 넣어 기사를 요약해 보세요.

(　　　　) 종식 특별법이 통과됐어요. 2027년부터 본격적으로 우리나라에서 (　　　　)이 금지되는 거예요.

생각 곱씹기 앞으로 식용견 업계 종사자를 위해 정부는 어떤 정책을 펼쳐야 할까요?

_____
_____

당신의 정보를 지워 드립니다

미리보기 사전

잊힐 권리
인터넷에서 개인과 관련된 정보의 유통기한을 정하거나 삭제를 요청할 권리를 말해요. '잊혀질 권리'라는 표현으로 쓰이다가 지금은 문법적으로 맞는 '잊힐 권리'로 쓰고 있어요.

어린 시절 별생각 없이 인터넷에 올린 영상이나 사진, 댓글이 계속 남아 고통받는 사람들이 있어요. 이런 사람들의 '잊힐 권리'를 위해 2023년 정부가 지우개 서비스를 시작했어요. 현대인에게 잊힐 권리는 어떤 의미일까요?

구글을 상대로 이긴 스페인 변호사

잊힐 권리는 2014년 유럽사법재판소의 판결에서 비롯되었어요. 2010년 스페인 변호사 마리오 코스테자 곤살레스가 구글에서 자기 이름을 검색했다가 과거 빚 때문에 자신의 집이 경매에 넘어갔다는 신문 기사를 보게 됐어요. 그는 신문사와 구글에 기사 삭제를 요청했지만 거부당했고, 결국 소송 끝에 유럽사법재판소가 곤살레스의 손을 들어 주었어요. 판결이 나고 3개월 동안 유럽 지역에서 구글에 삭제를 요청한 건수는 7만 건이었어요.

우리나라도 지우개 서비스 시작해

우리나라의 개인정보보호위원회에서도 2023년부터 잊힐 권리를 보장하는 지우개 서비스를 시작했어요. 과거 무심코 올린 개인정보가 포함된 온라인 게시물을 삭제 또는 블라인드 처리할 수 있도록 돕는 서비스예요. 기존에는 신청 나이를 24세 이하, 삭제 대상 게시물의 작성 시기를 18세 미만으로 정했었지만, 2024년부터는 신청 나이를 30세 미만, 게시물 작성 시기는 19세 미만으로 폭을 넓혔어요. 개인정보가 담긴 게시물이 남아 있어 어려움을 겪는 청소년이 개인정보에 대한 자기 결정권을 행사할 수 있게 된 거예요.

핵심 단어 찾기 빈칸에 들어갈 알맞은 단어를 찾아 ☑ 표 하세요.

- 인터넷에서 개인과 관련된 정보의 유통기한을 정하거나 삭제를 요청할 권리를 (　　) 라고 해요.
- 우리나라의 개인정보보호위원회에서도 2023년부터 잊힐 권리를 보장하는 (　　)를 시작했어요.

☐ 숨 쉴 권리
☐ 잊힐 권리
☐ 군만두 서비스
☐ 지우개 서비스

꼼꼼히 읽기 잊힐 권리에 대한 설명으로 틀린 것을 고르세요. (　　)

① 잊힐 권리는 2014년 유럽사법재판소의 판결에서 비롯되었다.
② 스페인의 변호사 마리오 코스테자 곤살레스는 신문사와 구글에 자신의 개인정보가 담긴 기사 삭제를 요청했지만 거부당했다.
③ 우리나라도 잊힐 권리를 보장하는 형광펜 서비스를 시작했다.

어휘 익히기 다음 초성 힌트와 설명을 보고 해당하는 어휘를 적어 보세요.

- ㄱ ㅁ　　　권리자의 신청에 따라 법원이 부동산 등을 경쟁하여 파는 일.
- ㄱ ㅇ ㅈ ㅂ　　이름, 주민등록번호, 직업, 주소, 전화번호 등 개인의 자료를 통틀어 이르는 말.
- ㅈ ㄱ ㄱ ㅈ ㄱ　스스로 결정할 수 있는 권한.

요약 정리하기 괄호 안에 알맞은 말을 넣어 기사를 요약해 보세요.

우리나라의 개인정보보호위원회가 2023년부터 (　　　　　)를 보장하는 지우개 서비스를 시작했어요. 개인정보가 포함된 온라인 게시물을 삭제할 수 있도록 돕는 서비스예요.

생각 곱씹기 지우개 서비스를 이용한다면 어떤 게시물을 신청하고 싶은가요? 이유와 함께 적어 보세요.

이제 공휴일에도 대형 마트 간다

> **미리 보기 사전**
>
> **의무 휴업**
> 특정 업종의 사업이나 영업을 의무적으로 얼마간 쉬게 하는 일을 말해요.

2024년 1월 정부가 대형 마트의 의무 휴업일 원칙을 폐지한다고 발표했어요. 그동안 대형 마트는 매달 공휴일 중에서 이틀을 의무적으로 휴업했는데 이 원칙을 없앤 거예요. 이런 조치를 환영하는 사람들과 반대하는 사람들의 의견이 엇갈렸어요.

소비자를 위해 공휴일에 대형 마트 열자

대형 마트 의무 휴업 제도는 2012년 시작되었어요. 대형 마트가 쉬는 날이 있어야 주변 전통 시장과 일반 상점이 살아난다는 취지였어요. 또 대형 마트에서 일하는 노동자도 공휴일에 쉬어야 가족과 함께 시간을 보낼 수 있고요. 그런데 이번에 정부가 대형 마트 의무 휴업일을 평일로 전환하려는 것은 소비자의 편익 때문이에요. 평일에는 일하느라 장보기 힘든 시민들이 공휴일에 대형 마트를 찾는 경우가 많은데, 그동안 대형 마트가 문을 닫아서 불편을 겪었다는 거예요.

마트 노동자를 위해 공휴일에 대형 마트 닫자

대형 마트의 평일 휴업에 찬성하는 사람들은 공휴일에 대형 마트가 문을 닫으면 소비자가 전통 시장을 이용하는 것이 아니라 도리어 온라인 쇼핑을 이용한다고 이야기해요. 그래서 대형 마트 주변 상점까지 매출이 줄어든다고 주장해요. 평일 휴업에 반대하는 사람들은 공휴일에 대형 마트가 열면 전통 시장과 일반 상점의 매출이 줄어들 것이라고 이야기해요. 또 대형 마트 노동자는 공휴일에 쉬는 것을 더 선호하기 때문에 공휴일 의무 휴업을 유지해야 한다고 주장하죠. 대형 마트 의무 휴업일은 지자체별로 결정하게 돼요.

핵심 단어 찾기 빈칸에 들어갈 알맞은 단어를 찾아 ✓ 표 하세요.

- 특정 업종의 사업이나 영업을 의무적으로 얼마간 쉬게 하는 일을 (　　)이라고 해요.
- 2024년 1월 정부가 (　　)의 의무 휴업일을 공휴일 가운데 정하게 했던 원칙을 폐지한다고 발표했어요.

☐ 영구 폐업
☐ 의무 휴업
☐ 대형 마트
☐ 전통 시장

꼼꼼히 읽기 대형 마트 의무 휴업에 대한 설명으로 틀린 것을 고르세요. (　　)

① 2012년부터 2023년까지 대형 마트는 매달 공휴일 중에서 이틀을 의무적으로 휴업했다.
② 대형 마트 의무 휴업 제도는 주변 전통 시장과 일반 상점이 살아난다는 취지에서 시작됐다.
③ 휴일에 일하느라 장보기 힘든 시민들이 평일에 대형 마트를 찾는 경우가 많다.

어휘 익히기 다음 초성 힌트와 설명을 보고 해당하는 어휘를 적어 보세요.

- ㅍㅇ　　　　편리하고 유익함.
- ㅈㅎ　　　　다른 방향이나 상태로 바꿈.
- ㅈㅈㅊ　　　'지방자치단체'를 줄여 이르는 말. 특별시, 광역시, 시·도·군 등이 있다.

요약 정리하기 괄호 안에 알맞은 말을 넣어 기사를 요약해 보세요.

정부는 대형 마트 의무 휴업일을 (　　　　　)에서 (　　　　　)로 전환할 계획이지만, 이는 지자체별로 결정하게 돼요.

생각 곱씹기 대형 마트는 공휴일과 평일 중 언제 문을 닫는 것이 좋을까요? 이유와 함께 적어 보세요.

_____

_____

우리나라는 사형 폐지국일까?

미리 보기 사전

사형제
범죄인의 생명을 박탈하는 형벌을 말해요. 우리나라는 「형법」 제41조에 법정 최고형으로 사형을 명시하고 있지만, 1997년 12월 30일 이후 사형을 집행하지 않고 있어요.

2023년 서울 신림동에서 흉기를 휘둘러 4명의 사상자를 낸 조선이 지난 3월 1심에서 무기징역을 선고받았어요. 하지만 검찰은 사형의 필요성을 강조했어요. 그런데 사실 우리나라는 1998년부터 사형수에게 사형을 집행하지 않아 '실질적 사형 폐지 국가'로 분류되고 있어요.

전 세계 140여 나라가 사형 폐지

2024년 1월 기준 우리나라에서 사형을 선고받고 수감 중인 사형수는 59명이에요. 이들에게 사형을 집행하지 않는 것은 인권을 중시하기 때문이에요. 사형은 국가가 국민의 생명권을 박탈하는 비인도적 형벌이라는 거예요. 또 법원에서 잘못된 판결을 내려 억울하게 사형을 당할 가능성도 있고요. 게다가 사형을 집행하면 사형을 집행하는 나라와는 경제적 협상을 하지 않겠다는 유럽연합(EU)과 경제 협력을 하기 어렵게 돼요. 현재 사형제를 폐지한 나라는 실질적 폐지까지 합쳐 140여 나라예요.

국민 여론은 사형제 유지에 쏠려

하지만 사형제를 유지하고 실제로 집행도 해야 한다는 목소리도 꾸준히 나오고 있어요. 그래야 범죄 억제 효과가 있고, 국민 다수가 사형제의 필요성을 인정한다는 거예요. 2023년 12월 한국리서치가 18세 이상 남녀 1,533명을 대상으로 조사한 결과 응답자의 70% 이상이 사형 집행을 다시 해야 한다고 답했어요. 사형수에게 쓰이는 비용도 적지 않아요. 법무부 자료에 따르면 2023년 기준 전체 사형수에게 들어간 비용은 연간 17억 7,000만 원이었어요.

핵심 단어 찾기 빈칸에 들어갈 알맞은 단어를 찾아 ☑ 표 하세요.

- 범죄인의 생명을 박탈하는 형벌을 (　　)이라고 해요. 우리나라는 「형법」 제41조에 법정 최고형으로 (　　)을 명시하고 있어요.
- 우리나라는 1998년부터 사형을 집행하지 않고 있어 실질적 (　　)로 분류되고 있어요.

☐ 사형
☐ 무기징역형
☐ 독재 국가
☐ 사형 폐지 국가

꼼꼼히 읽기 사형제에 대한 설명으로 틀린 것을 고르세요. (　　)

① 2024년 1월 기준 우리나라에서 사형을 선고받고 수감 중인 사형수는 59명이다.
② 유럽연합은 사형을 집행하는 나라와는 경제적 협상을 하지 않겠다는 입장이다.
③ 2023년 12월 18세 이상 남녀 1,533명을 대상으로 조사한 결과 응답자의 70% 이상이 사형 집행을 중단해야 한다고 답했다.

어휘 익히기 다음 초성 힌트와 설명을 보고 해당하는 어휘를 적어 보세요.

- ⓐⓩ　　정도나 한도를 넘어서 나아가려는 것을 억눌러 그치게 함.
- ⓢⓖ　　사람을 구치소나 교도소에 가두어 넣음.
- ⓩⓗ　　법률, 처분 등을 실행함.

요약 정리하기 괄호 안에 알맞은 말을 넣어 기사를 요약해 보세요.

우리나라가 사형을 집행하지 않는 것은 (　　　)을 중시하기 때문이에요. 사형은 국가가 국민의 생명권을 박탈하는 비인도적 형벌이라는 거예요.

생각 곱씹기 사형제 폐지에 대해 찬성, 반대 의견 중 하나를 골라 이유와 함께 적어 보세요.

하루에 미디어 얼마나 이용하니?

> **미리 보기 사전**
>
> **미디어**
> 어떤 소식이나 사실을 널리 전달하는 물체나 수단을 말해요. 일반적으로 언론이나 보도와 관련된 정보 전달 매체를 의미해요.

우리나라 어린이의 미디어 이용 시간이 하루 평균 3시간을 넘는 것으로 조사됐다고 해요. 이 내용을 좀 더 자세히 살펴볼게요.

하루 평균 3시간은 미디어를 본다

2024년 2월 한국언론진흥재단이 '2023 어린이 미디어 이용 조사' 결과를 발표했어요. 이에 따르면 만 3~9세 어린이의 하루 평균 미디어 이용 시간은 185.9분으로 나타났어요. 기기별로는 TV 1시간 13분, 스마트폰 1시간 3분, 태블릿PC 38분, 컴퓨터 12분 등이었어요. 특히 만 3~4세 유아의 하루 평균 미디어 이용 시간은 184분이었는데, 세계보건기구(WHO)의 권고 이용 시간인 하루 1시간 이내와 비교하면 3배나 높았어요.

어린이 미디어 중독 미리 예방해야

서비스 및 플랫폼 이용률은 온라인 동영상 서비스가 77.2%로 가장 높았고 OTT 31.3%, 포털 24.2%, 메신저 21.9% 순이었어요. 온라인 동영상 서비스 중에는 유튜브 이용률이 97.5%로 가장 높았어요. 특히 스마트폰을 처음 접하는 나이를 조사한 결과 24개월 미만이 약 30%를 차지하면서 어린이의 미디어 중독을 미리 예방하기 위한 교육과 적절한 가이드라인이 필요하다는 목소리가 높아지고 있어요.

핵심 단어 찾기 빈칸에 들어갈 알맞은 단어를 찾아 ☑ 표 하세요.

- 어떤 소식이나 사실을 널리 전달하는 물체나 수단을 (   )라고 해요.
  - ☐ 유튜브
  - ☑ 미디어

- 2024년 2월 한국언론진흥재단이 '2023 (   ) 미디어 이용 조사' 결과를 발표했어요.
  - ☐ 성인
  - ☐ 어린이

꼼꼼히 읽기 어린이 미디어 이용에 대한 설명으로 틀린 것을 고르세요. (   )

① 2023 조사 결과 만 3~9세 어린이의 하루 평균 미디어 이용 시간은 185.9분이었다.
② 기기별 미디어 이용은 스마트폰이 1시간 13분으로 가장 길었고, TV, 태블릿PC 순이었다.
③ 만 3~4세 유아의 하루 평균 미디어 이용 시간은 184분이며, 세계보건기구 권고치보다 높았다.

어휘 익히기 다음 초성 힌트와 설명을 보고 해당하는 어휘를 적어 보세요.

- ㄱㄱ   어떤 일을 하도록 권함. 또는 그런 말.

- ㅍㄹㅍ   정보 시스템 환경을 구축하고 개방해 누구나 정보를 쉽게 활용할 수 있도록 제공하는 기반 서비스.

- ㅇㅂ   질병이나 재해 등이 일어나기 전에 미리 대처하여 막는 일.

요약 정리하기 괄호 안에 알맞은 말을 넣어 기사를 요약해 보세요.

어린이의 (   ) 중독을 예방하는 교육과 적절한 가이드라인이 필요하다는 목소리가 높아지고 있어요.

생각 곱씹기 어린이의 미디어 이용 시간은 하루 몇 시간 정도가 적절할까요?

_____

_____

학교에 안심하고 맡기세요

> **미리보기 사전**
>
> **늘봄학교**
> 초등학생 중 희망하는 학생에게 오전 7시부터 오후 8시까지 학교에서 교육 프로그램과 돌봄 서비스를 제공하는 것을 말해요.

늘봄학교 제도를 2024년에는 1학년을 대상으로 1학기에는 희망하는 학교에서 운영하고, 2학기에는 모든 학교로 확대해요. 부모님이 맞벌이하는 가정은 안심하고 아이를 맡길 수 있어 반기지만 선생님들은 늘봄학교에 반대하는 경우가 많다고 해요. 어떻게 된 일인지 알아봤어요.

1학기에는 전체 학교의 44.3%만 늘봄학교 운영

2024년 2월 교육부는 전국 17개 시도교육청의 늘봄학교 선정 현황을 발표했어요. 1학기에는 전체 6,175개 초등학교 중 44.3%인 2,741개교에서 늘봄학교를 운영해요. 부산과 전남은 모든 초등학교가 늘봄학교를 운영하는 반면에 서울은 608개 초등학교 가운데 6.3%인 38개교만 운영하기로 해 참여율이 가장 낮았어요. 참여 학교 수는 경기(975개교), 전남(425개교), 부산(304개교) 순으로 많았어요.

늘봄학교에 대한 부모와 교사의 입장 달라

늘봄학교는 윤석열 정부의 역점 사업이며, 학교에서 오후 8시까지 교육과 돌봄을 해 주어 사교육 부담이 줄고 맞벌이 부모는 안심하고 일할 수 있어요. 그러나 교사들은 늘봄학교를 운영하면 교사의 업무 부담이 늘어나고 수업 중 발생하는 안전사고 등 책임도 지게 될 것이라고 주장하고 있어요. 또 방과 후 학교와 돌봄교실 프로그램이 잘 운영되고 있어 늘봄학교의 필요성을 느끼지 못하는 학교도 많다고 해요.

핵심 단어 찾기 빈칸에 들어갈 알맞은 단어를 찾아 ✓ 표 하세요.

- 초등학생 중 희망하는 학생에게 오전 7시부터 오후 8시까지 학교에서 교육 프로그램과 돌봄 서비스를 제공하는 것을 (　　) 라고 해요.
  - ☐ 방과 후 학교
  - ☐ 늘봄학교
- 2024년에는 (　　) 을 대상으로 1학기에는 희망하는 학교에서 운영하고, 2학기에는 모든 학교로 확대해요.
  - ☐ 1학년
  - ☐ 6학년

꼼꼼히 읽기 늘봄학교에 대한 설명으로 틀린 것을 고르세요. (　　)

① 늘봄학교는 2024년 1학기에 전체 6,175개 초등학교의 44.3%인 2,741개교에서 운영된다.
② 부산과 전남은 모든 초등학교가 늘봄학교를 운영하지 않는다.
③ 서울은 17개 시도교육청 중 참여율이 가장 낮았다.

어휘 익히기 다음 초성 힌트와 설명을 보고 해당하는 어휘를 적어 보세요.

- ㅇㅅ　　　　　걱정없이 마음을 편히 가짐.
- ㅇㅈ　　　　　심혈을 기울이거나 쏟는 점.
- ㄷㅂㄱㅅ　　　맞벌이 가정 등의 자녀를 저렴한 비용으로 일정 시간 추가 교육을 실시하는 교실.

요약 정리하기 괄호 안에 알맞은 말을 넣어 기사를 요약해 보세요.

늘봄학교를 운영하면 학교에서 오후 8시까지 (　　) 과 (　　) 을 해 주어 사교육 부담이 줄고 맞벌이 부모는 안심하고 일할 수 있어요. 반면 교사들은 업무 부담이 늘어나고 수업 중 발생하는 안전사고 등의 책임도 지게 될 것이라고 주장하고 있어요.

생각 곱씹기 늘봄학교가 전 학년으로 확대되면 참여하고 싶은가요? 자신의 의견을 이유와 함께 적어 보세요.

영화관 갈까? 집에서 OTT 볼까?

> **미리보기사전**
>
> **OTT(Over The Top)**
> 인터넷으로 영화, 드라마 등 다양한 미디어 콘텐츠를 제공하는 서비스를 뜻해요. 대표적인 OTT 서비스로는 넷플릭스, 티빙, 웨이브, 쿠팡플레이 등이 있어요.

2024년 2월 영화진흥위원회가 '2023 한국 영화산업 결산 보고서'를 발표했어요. 보고서에 따르면 영화관은 팬데믹 이전의 매출을 찾기는커녕 뒷걸음질치고 있어요. 이러한 영화관의 매출 부진은 OTT의 영향이 크다는 게 전문가들의 공통된 의견이에요.

2023년 전체 관객 수는 2019년의 55.2% 수준

2023년 영화관 전체 매출은 1조 2,614억 원이며, 2019년 1조 9,140억 원의 65.9% 수준이에요. 전체 관객 수는 1억 2,514만 명이며, 2019년 2억 2,668만 명의 55.2% 수준이고, 국민 1명당 영화관 방문 횟수는 2.44회로 나타나 2019년 4.4회의 55.5% 수준이에요. 2023년 수치를 2019년과 비교하는 것은 코로나19 팬데믹 기간(2020~2022년)에 영화관이 정상적으로 운영되지 않았기 때문이에요.

넷플릭스 월간 이용자 수는 2019년보다 6배 늘어

2023년에는 〈서울의 봄〉과 〈범죄도시3〉 등 영화 두 편이 천만 관객을 돌파했지만 나머지 한국 영화의 성적이 부진해 전체 한국 영화 매출액은 5,984억 원이었어요. 2022년에 비해 326억 원 감소한 금액이랍니다. 반면 OTT는 빠르게 성장하고 있어요. 팬데믹 기간에 영화관을 이용하기 조심스러워하던 사람들이 집에서 OTT를 보기 시작했고, 생활 패턴으로 자리 잡은 거예요. 대표적 OTT인 넷플릭스의 월간 이용자 수(안드로이드 기준)는 2019년 1월 135만 명에서 2024년 1월 814만 명으로 6배 넘게 늘었어요. 언제 어디서나 볼 수 있는 편의성과 함께 가격 경쟁력이 OTT 성장의 주된 이유로 꼽혀요.

핵심 단어 찾기 빈칸에 들어갈 알맞은 단어를 찾아 ☑ 표 하세요.

- 인터넷으로 영화, 드라마 등 다양한 미디어 콘텐츠를 제공하는 서비스를 (　　) 라고 해요.
  - ☐ OTT
  - ☐ 케이블TV

- 2024년 2월 영화진흥위원회가 발표한 보고서에 따르면 영화관은 (　　) 이전의 매출을 찾기는커녕 뒷걸음질치고 있어요.
  - ☐ 팬데믹
  - ☐ 세계 경제위기

꼼꼼히 읽기 영화관에 대한 설명으로 틀린 것을 고르세요. (　　)

① 2023년 영화관 전체 매출은 1조 2,614억 원이며, 2019년의 65.9% 수준이다.
② 2023년 전체 관객 수는 1억 2,514만 명이며, 2019년의 55.2% 수준이다.
③ 2023년 수치를 2019년과 비교하는 것은 2019년과 2023년의 인구가 비슷하기 때문이다.

어휘 익히기 다음 초성 힌트와 설명을 보고 해당하는 어휘를 적어 보세요.

- ㅍ ㄷ ㅁ　　　전염병이 전 세계적으로 크게 유행하는 현상.

- ㅂ ㅈ　　　어떤 일이 이루어지는 기세나 힘이 활발하지 아니함.

- ㅍ ㅇ ㅅ　　　형편이나 조건이 편하고 좋은 특성.

요약 정리하기 괄호 안에 알맞은 말을 넣어 기사를 요약해 보세요.

영화관의 매출 부진은 (　　　　)의 영향이 크다는 게 전문가들의 공통된 의견이에요. 팬데믹 기간에 영화관을 이용하기 조심스러워하던 사람들이 집에서 (　　　　)를 보기 시작했고, 생활 패턴으로 자리 잡은 거예요.

생각 곱씹기 즐겨 보는 OTT 프로그램이 있다면 제목과 즐겨 보는 이유를 함께 적어 보세요.

_____

_____

어휘 한눈에 보기

사회문화 기사에 등장한 한자어와 순우리말 어휘를 정리했어요. 한자처럼 보이지만 순우리말인 경우도 있고 순우리말처럼 보이는 말이 한자어인 경우도 있으니 꼼꼼하게 살펴보세요.

사회문화 기사에서 눈여겨보면 좋을 한자어

대리
代 대신할 대
理 다스릴 리
남을 대신하여 일을 처리함.

유출
流 흐를 유(류)
出 날 출(추)
정보 등이 불법적으로 조직 밖으로 나감. 또는 그것을 내보냄.

확대
擴 넓힐 확
大 큰 대
모양이나 규모 등을 더 크게 함.

지정
指 가리킬 지
定 정할 정
관공서, 학교, 회사, 개인 등이 어떤 것에 특정한 자격을 줌.

악용
惡 악할 악
用 쓸 용
알맞지 않게 쓰거나 나쁜 일에 씀.

능사
能 능할 능
事 일 사
잘하는 일.

기피
忌 꺼릴 기
避 피할 피
꺼리거나 싫어하여 피함.

선호
選 가릴 선
好 좋을 호
여럿 가운데서 특별히 가려서 좋아함.

손실
損 덜 손
失 잃을 실
잃어버리거나 축나서 손해를 봄. 또는 그 손해.

대책
對 대답할 대
策 꾀 책
어떤 일에 대처할 계획이나 수단.

소멸
消 꺼질 소
滅 멸망할 멸
사라져 없어짐.

시청
視 볼 시
聽 들을 청
눈으로 보고 귀로 들음.

중독
中 가운데 중
毒 독 독

지나치게 복용하여 그것 없이는 견디지 못하는 상태.

진료
診 볼 진
療 병 고칠 료(요)

의사가 환자를 진찰하고 치료하는 일.

초고령
超 뛰어넘을 초
高 높을 고
齡 나이 령(영)

늙은이로서 매우 많은 나이. 또는 그런 나이가 된 사람.

낙후
落 떨어질 낙(락)
後 뒤 후

기술이나 문화, 생활 등의 수준이 일정 기준보다 뒤떨어짐.

반발
反 돌이킬 반
撥 다스릴 발

어떤 상태나 행동 등을 거스르고 반항함.

소송
訴 하소연할 소
訟 송사할 송

재판으로 법률관계를 확정하여 줄 것을 법원에 요구함.

사회문화 기사에서 눈여겨보면 좋을 순우리말

- 돌보다   관심을 가지고 보살피다.
- 겪다   어렵거나 경험될 만한 일을 당하여 치르다.
- 팽팽히   둘의 힘이 서로 엇비슷하게.
- 다투다   사태가 매우 급박한 상태가 되다.
- 한창   어떤 상태가 가장 무르익은 모양.
- 허물어지다   심리적으로 이미 주어져 있는 생각이나 믿음 등이 없어지다.
- 쏠림   지나치게 어느 한 방향으로 기울어져 몰림.
- 길들다   어떤 일에 익숙하게 되다.
- 멎다   사물의 움직임이나 동작이 그치다.
- 밑돌다   어떤 기준이 되는 수량에 미치지 못하다.
- 둥지   지내기에 매우 포근하고 아늑한 곳을 비유적으로 이르는 말.
- 무심코   아무런 뜻이나 생각이 없이.

국회의원 쿠데타 포퓰리즘
국민동의청원 의원내각제

국민이 선택하는 국회의원

> **미리보기사전**
>
> **국회의원**
> 국민의 대표로서 국회를 이루는 구성원을 말해요. 4년에 한 번 선거를 치러서 국민이 국회의원을 선출해요.

2024년 4월 10일은 제22대 국회의원 선거일이었어요. 이날 선거로 국회의원 300명이 선출되었어요. 국회의원은 국민에게 이로운 법을 만들고, 정부가 돈을 제대로 쓰고 정책을 제대로 펼치는지 견제하는 일을 해요.

우리나라 국회의원 수는 300명

우리나라 국회의원은 전국 254개 지역구에서 1등으로 뽑힌 지역구 의원 254명과 비례대표 의원 46명으로 구성되어 있어요. 비례대표 의원은 각 정당에서 후보를 추천하고 유권자가 정당에 투표해 뽑게 돼요. 국회의원 선거가 열리는 날은 임시공휴일로 지정되며, 선거에 참여하려면 선거일 기준으로 만 18세 이상이어야 해요.

일 잘하는지 국민이 지켜봐야

국회의원 선거는 국민이 자신을 대표해 국가를 운영할 공직자를 투표로 뽑는 거예요. 그래서 후보자를 신중하게 살핀 뒤에 투표해야 해요. 선거 형태는 보통, 평등, 직접, 비밀 선거이며, 이렇게 뽑힌 국회의원은 삼권으로 분립된 권력 중 입법부인 국회의 구성원으로 일하게 돼요. 주로 국민을 위한 법을 만들거나 바꾸고, 없애는 일을 하지요. 우리는 선거로 뽑힌 국회의원이 할 일을 잘하고, 공약을 지키는 등 책임감 있는 모습을 보이는지 잘 지켜봐야 해요.

🟧 **핵심 단어 찾기** 빈칸에 들어갈 알맞은 단어를 찾아 ☑ 표 하세요.

- 국민의 대표로서 국회를 이루는 구성원인 (　　)은 4년에 한 번 국민이 선거를 치러 선출해요.
  - ☐ 국회의원
  - ☐ 장관

- 2024년 4월 10일은 제22대 국회의원 선거일에서 국회의원 (　　)명이 선출되었어요.
  - ☐ 200
  - ☐ 300

🟪 **꼼꼼히 읽기** 국회의원에 대한 설명으로 틀린 것을 고르세요. (　　)

① 우리나라 국회의원은 지역구 의원 254명과 비례대표 의원 46명으로 구성된다.
② 비례대표 의원은 각 정당에서 후보를 추천하고 유권자가 정당에 투표해 뽑는다.
③ 국회의원 선거에 참여하려면 선거일 기준으로 만 19세 이상이어야 한다.

🟧 **어휘 익히기** 다음 초성 힌트와 설명을 보고 해당하는 어휘를 적어 보세요.

- ㅈㅇㄱ　　일정한 지역을 한 단위로 하여 설정된 선거구.

- ㅇㄱㅈ　　선거할 권리를 가진 사람.

- ㅂㄹ　　갈라져서 따로 섬. 또는 나누어서 세움.

🟪 **요약 정리하기** 괄호 안에 알맞은 말을 넣어 기사를 요약해 보세요.

이렇게 뽑힌 국회의원은 삼권으로 분립된 권력 중 (　　　　　)인 국회의 구성원으로 일하게 돼요.

🟧 **생각 곱씹기** 내가 생각하는 국회의원의 자격을 적어 보세요.

_____

_____

보수와 진보는 어떻게 다를까?

미리보기사전

보수 / 진보
보수는 변화를 적극적으로 받아들이기보다 전통적인 것을 유지하려 하는 태도를 말해요. 진보는 기존 정치, 경제, 체제 등을 개혁해 변화를 시도하려는 태도를 말해요.

대부분의 나라에서 정치 세력은 보수와 진보로 나뉘어요. 선거 결과에 따라 보수와 진보 양 세력이 번갈아 가며 정권을 차지하곤 하죠. 보수와 진보는 어떤 점이 다르기에 이렇게 맞설까요?

지금 체제를 이어 나가는 보수

보수의 세계관은 이렇습니다. 인간은 불완전한 존재라고 생각해 집단의 경험에서 얻는 지혜를 소중히 여겨요. 전통이나 관습을 존중해 기존 사회 제도를 이어 가며 점진적 개혁을 추구하는 것이죠. 그래서 기득권층의 이익만 대변한다는 비판을 받기도 해요. 보수는 자유와 평등 중에서 자유를 더 중요시해요. 그래서 보수 세력이 정권을 잡으면 국가가 경제에 크게 개입하지 않고 시장에 맡기며 자유로운 경제 활동을 인정하는 편이에요. 정치적으로는 '우파'로 표현하기도 해요.

지금 체제를 바꿔 나가는 진보

진보의 세계관은 이렇습니다. 전통적 가치나 체제를 허물고 새로운 가치와 정책을 주장해요. 지금의 체제에서 나타나는 문제점을 지적하고 새로운 혁신을 꾀하는 것이죠. 기존 사회 질서를 변화시키고 싶어하기 때문에 사회 혼란을 초래한다는 비판을 받기도 해요. 진보는 자유와 평등 중에서 평등을 더 중요시해요. 그래서 진보 세력이 정권을 잡으면 국가가 경제에 개입해 사회의 불평등을 해소하는 정책을 펼치는 편이에요. 정치적으로는 '좌파'로 표현하기도 해요. 보수와 진보가 균형을 이루며 공존해야 건강하게 정치하는 사회라고 할 수 있어요.

핵심 단어 찾기 빈칸에 들어갈 알맞은 단어를 찾아 ☑ 표 하세요.

- (　　)는 변화를 적극적으로 받아들이기보다 전통적인 것을 유지하려 하는 태도를 말해요. ☐ 보수 ☐ 진보

- (　　)는 기존 정치, 경제, 체제 등을 개혁해 변화를 시도하려는 태도를 말해요. ☐ 보수 ☐ 진보

꼼꼼히 읽기 보수와 진보에 대한 설명으로 틀린 것을 고르세요. (　　)

① 보수는 인간이 불완전한 존재라고 생각해 집단의 경험에서 얻는 지혜를 소중히 여긴다.
② 보수는 기득권층의 이익만 대변한다는 비판을 받기도 한다.
③ 진보는 기존 사회 질서를 존중하기 때문에 사회 혼란을 방지한다는 장점이 있다.

어휘 익히기 다음 초성 힌트와 설명을 보고 해당하는 어휘를 적어 보세요.

- ㅈㄱ　　　정치를 담당하는 권력.

- ㅈㅈㅈ　　조금씩 앞으로 나아가는.

- ㄷㅂ　　　어떤 사람이나 단체를 대신해 의견이나 태도를 표함.

요약 정리하기 괄호 안에 알맞은 말을 넣어 기사를 요약해 보세요.

(　　) 세력이 정권을 잡으면 국가가 경제에 크게 개입하지 않고 시장에 맡기며 자유로운 경제 활동을 인정하는 편이에요. 정치적으로는 (　　)로 표현하기도 해요.

생각 곱씹기 내가 진보 세력이라면 우리 사회의 기존 체제 중에서 어떤 것을 바꾸고 싶은 가요? 이유와 함께 적어 보세요.

_____

_____

표심을 노리는 포퓰리즘

미리 보기 사전

포퓰리즘(Populism)
대중의 인기에 영합하는 정치 형태를 말해요. 대중주의라고도 하며, 반대 개념은 엘리트주의예요.

뉴스를 보다 보면 포퓰리즘 정책이라는 말이 나와요. 어떤 뉴스에서는 포퓰리즘을 '표퓰리즘'이라고 하던데요, 선거를 앞두고 더 자주 언급된 포퓰리즘이란 말의 뜻이 궁금하죠?

2024년은 포퓰리즘이 판치는 해

포퓰리즘은 대중을 뜻하는 라틴어 '포풀루스(populus)'에 주의를 뜻하는 '이즘(ism)'을 덧붙인 말이며, 대중의 인기에 영합하는 정치 형태를 말해요. 2024년은 우리나라를 비롯해 세계 곳곳에서 굵직한 선거들이 잇따라 열리는 '슈퍼 선거의 해'예요. 영국 주간지 〈이코노미스트〉에 따르면 2024년에만 세계 76개국에서 40억 명 이상이 투표에 참여할 거라고 해요. 그래서인지 선거가 예정된 나라에서는 포퓰리즘 정책이 잇따라 발표되고 있어요. 유권자의 표를 얻으려고 그들의 마음을 움직일 정책을 서둘러 발표하는 것이죠. 그래서 포퓰리즘을 '표'퓰리즘이라고도 하는 거예요.

표를 좇아 기존 원칙을 뒤집는 정책 발표

우리나라에서도 국회의원 선거를 앞두고 다양한 포퓰리즘 정책이 쏟아졌어요. 전기요금을 동결하고, 오래된 아파트를 안전진단 없이 재건축하는 등 여러 정책이 발표되었는데요, 어떤 정책은 정부의 기존 원칙을 뒤집어 발표한 것이어서 선거용 정책이라고 폄하되기도 했어요. 또 국민의 마음을 얻으려고 세금을 깎아 주는 정책이 잇따라 나왔지만 그 때문에 정부 재정을 우려하는 목소리가 더욱 커졌어요.

핵심 단어 찾기 빈칸에 들어갈 알맞은 단어를 찾아 ✓ 표 하세요.

- ( )은 대중의 인기에 영합하는 정치 형태를 말해요. 대중주의라고도 하며 반대 개념은 엘리트주의예요.
  - ☐ 포퓰리즘
  - ☐ 레이니즘

- 2024년은 세계 곳곳에서 굵직한 ( )가 잇따라 열리는 '슈퍼 ( )의 해'예요.
  - ☐ 선거
  - ☐ 전쟁

꼼꼼히 읽기 포퓰리즘에 대한 설명으로 틀린 것을 고르세요. ( )

① 포퓰리즘은 대중을 뜻하는 라틴어 '포풀루스(populus)'에 주의를 뜻하는 '이즘(ism)'을 덧붙인 말이다.
② 선거가 예정된 나라에서는 포퓰리즘 정책을 철저히 금지하고 있다.
③ 유권자의 표를 얻기 위한 정책이라 '표퓰리즘'이라고도 불린다.

어휘 익히기 다음 초성 힌트와 설명을 보고 해당하는 어휘를 적어 보세요.

- ⓓⓩ   수많은 사람의 무리.

- ⓩⓒ   정치적 목적을 실현하려는 방책.

- ⓟⓗ   가치를 깎아내림.

요약 정리하기 괄호 안에 알맞은 말을 넣어 기사를 요약해 보세요.

우리나라에서도 국회의원 선거를 앞두고 여러 ( )이 쏟아졌어요. 어떤 정책은 정부의 기존 원칙을 뒤집어 발표한 것이어서 선거용 정책이라고 폄하되기도 했어요.

생각 곱씹기 포퓰리즘 정책이 유권자의 마음을 움직일 수 있을까요? 의견을 적어 보세요.

_____

_____

비켜! 내가 정권을 잡을 거야!

> **미리 보기 사전**
>
> **쿠데타(Coup d'État)**
> 프랑스어로 무력으로 정권을 빼앗는 일을 말해요. 지배층 내부의 권력 이동으로 이루어져요.

영화 〈서울의 봄〉 관객 수가 1,300만 명을 넘어섰어요. 한국 영화 역사상 여섯 째로 관객을 많이 모았는데요, 이 영화는 1979년에 일어난 쿠데타를 소재로 했는데, 이것 말고도 우리나라에 쿠데타의 역사가 또 있었을까요?

지배자 교체가 목적인 쿠데타

쿠데타는 지배층 일부가 무력 등 비합법적 수단으로 권력을 빼앗는 행위를 말해요. 국민이 나서서 체제를 바꾸는 것이 혁명이라면, 쿠데타는 같은 체제 안에서 지배자 교체를 목적으로 해요. 그래서 국민의 지지가 꼭 필요하지는 않아요. 쿠데타는 군대나 경찰 등 무장 집단이 은밀하게 계획해 기습적으로 하는 것이 일반적이에요. 쿠데타 후에는 언론을 통제하고 반대파를 내몰고 계엄령을 선포하곤 해요. 쿠데타로 권력을 빼앗는 일은 후진국에서 많이 일어나요.

두 차례 쿠데타로 얼룩진 우리 현대사

불행하게도 우리 현대사에 두 차례 쿠데타가 있었어요. 처음은 1961년 5월 16일 박정희를 중심으로 한 군인들이 일으킨 5·16 쿠데타예요. 박정희는 헌법의 효력을 중단시키고 2년 6개월 동안 군정을 실시했어요. 이후에는 대통령으로 선출되어 1979년까지 장기 집권했지요. 두 번째는 1979년 12월 12일 전두환을 중심으로 한 군인들이 일으킨 12·12 쿠데타예요. 이후 전두환은 대통령으로 선출되어 1988년까지 정권을 잡았어요. 하지만 이제 우리나라에는 민주주의가 깊이 뿌리내렸고, 민주주의가 성숙한 사회에서는 쿠데타를 막을 수 있는 제도 등이 잘 갖춰져 있어요.

핵심 단어 찾기 빈칸에 들어갈 알맞은 단어를 찾아 ☑ 표 하세요.

- ( )는 지배층 일부가 무력 등 비합법적 수단으로 권력을 빼앗는 행위를 말해요.
- ( )은 국민이 나서서 체제를 바꾸는 것이에요.

☐ 선거
☐ 쿠데타
☐ 혁명
☐ 개헌

꼼꼼히 읽기 쿠데타에 대한 설명으로 틀린 것을 고르세요. ( )

① 1961년의 쿠데타는 전두환과 군인이 일으켰다.
② 쿠데타는 군대나 경찰 등 무장 집단이 은밀하게 계획해 기습적으로 하는 것이 일반적이다.
③ 쿠데타는 같은 체제 안에서 지배자 교체를 목적으로 한다.

어휘 익히기 다음 초성 힌트와 설명을 보고 해당하는 어휘를 적어 보세요.

- ㅁㄹ   군사상의 힘.
- ㅊㅈ   사회를 하나의 유기체로 볼 때 그 조직이나 양식을 이르는 말.
- ㄱㅇㄹ   군사적 필요나 사회 질서 유지를 위해 행정권과 사법권을 군이 맡아 다스린다고 대통령이 선포하는 명령.

요약 정리하기 괄호 안에 알맞은 말을 넣어 기사를 요약해 보세요.

우리 현대사에 두 차례 ( )가 있었어요. 처음은 1961년 5월 16일 박정희를 중심으로 한 군인들이 일으킨 5·16 ( )예요. 두 번째는 1979년 12월 12일 전두환을 중심으로 한 군인들이 일으킨 12·12 ( )예요.

생각 곱씹기 쿠데타를 막으려면 국민은 어떻게 해야 할까요?

정당은 무슨 일을 할까?

> **미리보기사전**
>
> **정당**
> 정치적인 견해가 같은 사람들이 정권을 잡고 정치적 이상을 실현하려고 조직한 단체를 말해요.

2024년 국회의원 선거를 앞두고 우리 정치에 여러 정당이 새로 생겼어요. 각 정당은 국회의원 선거에서 의석을 얻으려고 노력했는데요, 정당은 무슨 일을 하는 곳일까요?

선거에 나설 후보자 공천이 주된 일

정당은 대의민주주의가 발달하고 후보자와 유권자 사이에 의사소통이 필요해지면서 생겨났어요. 정당의 목적은 권력 획득이에요. 선거에 나설 후보자를 공천하고, 선거에서 승리하면 자신들의 정책으로 국정을 운영하고, 국민의 평가를 받아요. 어느 특정한 집단의 이익보다는 계층을 아우르는 공공의 이익을 위해 노력하지요. 정당은 선거에 나설 후보자를 추천하는 일 외에도 국민 의견을 수렴해 정부에 전달하고, 정부 정책을 건전하게 비판하고 견제하는 일도 담당해요.

양당제와 다당제

거의 모든 나라에서 정당이 두 개 이상 존재하는 복수정당제를 채택하고 있어요. 미국, 영국과 같이 큰 정당이 두 개 존재하는 양당제 나라가 있고, 독일, 프랑스와 같이 세 개 이상 힘 있는 정당이 존재하는 다당제 나라가 있어요. 우리나라는 두 개의 큰 정당이 번갈아 정권을 잡는 양당제가 오래되었어요.

핵심 단어 찾기 빈칸에 들어갈 알맞은 단어를 찾아 ☑ 표 하세요.

- 정치적인 견해가 같은 사람들이 정권을 잡고 정치적 이상을 실현하려고 조직한 단체를 (　　)이라고 해요.
- 정당의 목적은 (　　) 획득이에요. 선거에 나설 후보자를 공천하고, 선거에서 승리해 (　　)을 잡으려고 노력해요.

☐ 법원
☐ 정당
☐ 재력
☐ 권력

꼼꼼히 읽기 정당에 대한 설명으로 틀린 것을 고르세요. (　　)

① 정당은 대의민주주의가 발달하고 후보자와 유권자 사이에 의사소통이 필요해지면서 생겨났다.
② 정당의 목적은 권력 획득이다.
③ 정당은 어느 특정한 집단의 이익을 위해 주로 노력한다.

어휘 익히기 다음 초성 힌트와 설명을 보고 해당하는 어휘를 적어 보세요.

- ⓓⓞ　　　선거로 선출된 의원이 국민의 의사를 대표해 정치를 담당하는
  ⓜⓙⓩⓞ　민주주의.

- ⓖⓒ　　　공인된 정당에서 선거에 출마할 당원을 공식적으로 추천하는 일.

- ⓖⓩ　　　나라의 정치.

요약 정리하기 괄호 안에 알맞은 말을 넣어 기사를 요약해 보세요.

거의 모든 나라에서 (　　　)이 두 개 이상 존재하는 복수정당제를 채택하고 있어요. 우리나라는 두 개의 큰 (　　　)이 번갈아 정권을 잡는 양당제가 오래되었어요.

생각 곱씹기 내가 정당을 만든다면 어떤 이름을 짓고 싶은지 이유와 함께 적어 보세요.

_____

_____

대통령제의 뿌리를 찾아서

> **미리 보기 사전**
>
> **대통령제**
> 대통령을 중심으로 국정이 운영되는 정부 형태를 말해요. 우리나라의 정부 형태는 대통령제예요.

우리나라는 5년에 한 번씩 대통령 선거를 치러요. 2022년에 제20대 대통령 선거를 했고, 다음 대통령 선거는 2027년 3월에 치를 예정이에요. 이러한 대통령제는 어느 나라에서 처음 시작했을까요?

미국에서 시작된 대통령제

대통령제는 국민이 선출한 대통령이 국가 원수이자 행정부 수반으로서 권한을 행사하는 정부 형태예요. 대통령을 중심으로 한 행정부는 입법부(국회), 사법부(법원)와 상호 견제하며 균형을 유지하죠. 대통령제가 처음 시작된 곳은 미국이에요. 영국 식민지였던 미국은 전쟁에서 승리해 독립에 성공했지만 나라를 대표할 사람이 없었어요. 영국 국왕을 상대로 한 전쟁에서 승리했는데 새로운 왕을 추대하는 것은 독립한 취지에 맞지 않았어요. 그래서 미국은 논의 끝에 국민 선거로 선출하며, 왕과 같은 권력이 있으면서도 임기가 제한되는 대통령 제도를 만들게 됐어요.

대통령에게 권력이 집중되는 구조

대통령제의 장점은 대통령 임기에 정국이 안정되고, 다른 국가 기관의 간섭을 받지 않아 정책을 지속적으로 펼칠 수 있다는 점이에요. 하지만 단점도 있어요. 대통령에게 권력이 집중되는 구조여서 대통령의 권한이 커지면 독재로 흐를 가능성이 있어요. 또 대통령 중심인 행정부와 입법부(국회)가 갈등 상황에 있을 때 이를 조정할 수 있는 기관이 없어서 사회 혼란을 가져올 수도 있어요.

핵심 단어 찾기 빈칸에 들어갈 알맞은 단어를 찾아 ✅ 표 하세요.

- 대통령을 중심으로 국정이 운영되는 정부 형태를 (　　) 라고 해요.

- 우리나라는 5년에 한 번씩 (　　) 선거를 치러요.

☐ 대통령제
☐ 군주제

☐ 대통령
☐ 국회의원

꼼꼼히 읽기 대통령제에 대한 설명으로 틀린 것을 고르세요. (　　)

① 우리나라는 다음 대통령 선거를 2029년 3월에 치를 예정이다.
② 대통령제는 대통령이 국가 원수이자 행정부 수반으로서 권한을 행사하는 정부 형태이다.
③ 대통령제가 처음 시작된 곳은 미국이다.

어휘 익히기 다음 초성 힌트와 설명을 보고 해당하는 어휘를 적어 보세요.

- ㅅㅂ　행정부의 가장 높은 자리에 있는 사람.

- ㅇㄱ　임무를 맡아보는 일정한 기간.

- ㅈㄱ　정치의 국면. 또는 정치계의 형편.

요약 정리하기 괄호 안에 알맞은 말을 넣어 기사를 요약해 보세요.

대통령제의 장점은 (　　　) 임기에 정국이 안정되고, 다른 국가 기관의 간섭을 받지 않아 정책을 지속적으로 펼칠 수 있다는 점이에요. 하지만 (　　　)에게 권력이 집중되는 구조여서 (　　　)의 권한이 커지면 독재로 흐를 가능성도 있어요.

생각 곱씹기 여러분이 생각하는 대통령에게 가장 필요한 자질은 무엇인가요? 이유와 함께 적어 보세요.

_____

_____

149

의원내각제가 뭔 말?

> **미리보기 사전**
>
> **의원내각제**
> 의회에서 선출된 총리와 장관들이 국정을 운영하는 정부 형태를 말해요. 대통령제와 더불어 현대 민주주의 국가의 대표적인 정부 형태예요.

현재 세계에서 가장 많은 국가가 채택한 정부 형태는 무엇일까요? 바로 의원내각제예요. 소위 선진국이라고 불리는 대다수 국가는 의원내각제를 채택하고 있어요. 의원내각제에서는 누가 국가를 대표할까요?

실질적 권한은 총리에게

의원내각제를 채택하는 나라는 많아요. 일본, 영국, 독일, 캐나다, 호주, 싱가포르, 스위스, 덴마크, 스웨덴, 노르웨이 등이 의원내각제를 채택하고 있어요. 의원내각제는 의회에서 구성된 내각에 실질적 권한이 있어요. 내각 대표인 총리가 행정부의 수반이죠. 의원내각제라고 해도 영국처럼 왕이 있거나 독일처럼 대통령이 있는 나라도 있어요. 이때 왕과 대통령은 명목상 국가 원수일 뿐이고, 실질적 권한은 총리와 장관들로 구성된 내각에 있어요.

의회와 내각이 협력과 견제

의원내각제의 장점은 의회와 내각이 긴밀하게 협조해 능률적으로 국정을 운영할 수 있다는 거예요. 만약 총리와 장관이 잘못하면 의회가 불신임권을 내세워 새로운 총리와 장관으로 바꿀 수 있어요. 그리고 의회가 잘못하면 내각이 의회 해산권을 행사할 수 있죠. 이렇게 의회와 내각이 적절하게 서로 견제하게 돼요. 하지만 의회에 과반 의석을 확보한 정당이 없어서 여러 당이 힘을 합쳐 내각을 구성하게 되면 내각 구성원의 생각이 서로 달라 정국이 불안정해지기도 해요.

핵심 단어 찾기 빈칸에 들어갈 알맞은 단어를 찾아 ☑ 표 하세요.

- 의회에서 선출된 총리와 장관들이 국정을 운영하는 정부 형태를 (　　) 라고 해요.
  - ☐ 대통령제
  - ☐ 의원내각제

- 현재 세계에서 가장 많은 국가가 채택한 정부 형태는 (　　)예요.
  - ☐ 대통령제
  - ☐ 의원내각제

꼼꼼히 읽기 의원내각제에 대한 설명으로 틀린 것을 고르세요. (　　)

① 일본, 영국, 독일, 캐나다, 호주, 싱가포르, 스위스, 노르웨이 등이 의원내각제를 채택하고 있다.
② 의원내각제는 의회에서 구성된 내각에 실질적 권한이 있다.
③ 의원내각제 나라에는 왕이나 대통령이 없다.

어휘 익히기 다음 초성 힌트와 설명을 보고 해당하는 어휘를 적어 보세요.

- ㄴㄱ　　국가의 행정권을 담당하는 최고 합의 기관. 총리와 장관들로 구성된다.
- ㅁㅁㅅ　　실제로 그러한 것이 아니라 이름만 내세우는 것.
- ㄱㅂ　　절반이 넘음.

요약 정리하기 괄호 안에 알맞은 말을 넣어 기사를 요약해 보세요.

의원내각제의 장점은 (　　)와 (　　)이 긴밀하게 협조해 능률적으로 국정을 운영할 수 있다는 거예요.

생각 곱씹기 대통령제와 의원내각제 중에서 어떤 정부가 더 좋을까요? 이유와 함께 적어 보세요.

_____

_____

쿠바와 교제를 시작했어요

미리보기사전

수교
나라와 나라 사이에 외교 관계를 맺는 것을 말해요. 수교를 맺은 나라는 수교국, 수교를 맺지 않은 나라는 미수교국이라고 불러요.

2024년 2월 우리나라는 쿠바와 수교를 맺었어요. 공산주의 국가인 쿠바는 북한의 형제 나라로 불릴 정도로 북한과 가까운 나라예요. 중남미 국가 중에서 유일하게 우리나라와 수교를 맺지 않은 미수교국이기도 했어요. 이번에 쿠바와 수교를 맺으면서 우리나라와 수교를 맺은 나라는 193개 나라가 되었어요.

미수교국은 시리아만 남아

1959년 사회주의 혁명이 일어난 쿠바는 그동안 우리나라와 수교를 맺지 않은 상태였어요. 미수교국이지만 쿠바는 1년에 1만 4,000여 명이나 되는 우리 관광객이 찾을 정도로 인기 있는 관광지예요. 또 일제 강점기에 쿠바로 이주한 한인의 후손 1,100여 명이 살고 있기도 해요. 그동안 우리 정부는 쿠바와 외교 관계를 복원하려 노력해 왔고, 이번에 그 결실을 맺었어요. 이제 유엔 회원국 중 우리나라와 미수교국은 시리아만 남았어요.

북한도 쿠바와 관계 쉽게 끊지 못해

그동안 북한은 1960년 쿠바와 수교한 뒤로 김일성-김정일-김정은으로 3대째 세습하는 동안 쿠바와 긴밀한 관계를 유지해 왔어요. 쿠바의 최고 지도자들이 북한을 방문하기도 했지요. 북한과 쿠바의 관계가 매우 가깝기에 이번 우리나라와 쿠바의 수교는 북한의 방해를 우려해 철저한 보안 속에 진행되었어요. 외교 전문가들은 이번 수교로 북한이 큰 타격을 입었지만 쿠바가 북한의 몇 안 남은 우방국이기에 관계를 쉽게 끊기는 어려울 것으로 보고 있어요.

핵심 단어 찾기 빈칸에 들어갈 알맞은 단어를 찾아 ☑ 표 하세요.

- 나라와 나라 사이에 외교 관계를 맺는 것을 (　　)라고 해요.
- 2024년 2월 우리나라는 공산주의 국가인 (　　)와 수교를 맺었어요.

☐ 단교
☐ 수교
☐ 쿠바
☐ 러시아

꼼꼼히 읽기 쿠바와의 수교에 대한 설명으로 틀린 것을 고르세요. (　　)

① 2024년 2월 수교를 맺기 전 쿠바는 중남미에서 유일하게 우리나라와 수교를 맺지 않은 나라였다.
② 이번에 쿠바와 수교를 맺으면서 우리나라와 수교를 맺은 나라는 193개 나라가 되었다.
③ 한국 전쟁 시기에 이주한 한인의 후손 1,100여 명이 지금도 쿠바에 살고 있다.

어휘 익히기 다음 초성 힌트와 설명을 보고 해당하는 어휘를 적어 보세요.

- ㅅㅎㅈㅇ　　사유 재산 제도를 폐지하고 생산 수단을 사회화해 자본주의 제도의 사회적·경제적 모순을 극복하려는 사상.

- ㅂㅇ　　원래대로 회복함.

- ㅇㅂㄱ　　서로 우호적인 관계를 맺고 있는 나라.

요약 정리하기 괄호 안에 알맞은 말을 넣어 기사를 요약해 보세요.

2024년 2월 우리나라는 중남미 국가 중 유일한 미수교국인 쿠바와 (　　)를 맺었어요. 쿠바와 (　　)를 맺으면서 우리나라와 (　　)를 맺은 나라는 193개 나라가 되었어요.

생각 곱씹기 쿠바와 수교를 맺은 우리나라가 북한과는 어떤 관계를 맺으면 좋을까요?

_____

_____

153

당신의 자질을 검증하겠습니다

> **미리보기사전**
>
> **인사 청문회**
>
> 대통령이 고위 공직자를 임명하고자 할 때, 후보자가 적합한지를 국회가 검증하는 자리예요. 후보자가 공직자로서 자질과 능력을 갖추었는지를 검증하는 것이죠.

대통령이 추천한 후보자에 대한 인사 청문회를 거쳐 후보자가 적합하다고 판단되면 국회는 인사청문경과보고서를 채택해 합격 판정을 내려요. 그런데 인사 청문회를 통과하지 못했는데도 장관 등 공직에 임명되는 일이 자주 있다고 해요. 어떻게 된 일일까요?

후보자의 자질을 판단하는 자리

인사 청문회에서는 후보자의 학력, 경력, 병역, 재산, 세금 납부, 범죄 경력 등을 살펴 공직에 적합한지를 판단해요. 후보자의 자료를 국회의원들이 꼼꼼히 살펴보고 궁금한 점을 인사 청문회에서 묻죠. 또 후보자가 앞으로 맡게 될 공직을 수행하는 데 충분한 자질을 지녔는지도 살핍니다. 국회의원들은 후보자가 부실하게 해명하거나 자질이 부족하다고 판단되면 인사청문경과보고서를 채택하지 않으며 사실상 불합격 판정을 내려요.

국회가 불합격시켜도 대통령이 임명 가능

후보자가 국회에서 불합격 판정을 받으면 대통령은 다른 후보자를 추천해 인사 청문회를 다시 열어 달라고 요청할 수 있어요. 자신이 추천한 후보자가 적합하지 않았다는 점을 대통령도 인정하는 것이죠. 그런데 인사 청문회를 통과하지 못했는데도 대통령이 후보자를 공직에 임명할 수 있기도 해요. 그런 일이 발생할 때마다 인사 청문회가 필요 없다는 무용론이 나오기도 하죠. 윤석열 정부 들어서 인사 청문회를 통과하지 못한 채 임명된 장관급 인사는 24명이에요(2024년 1월 기준).

핵심 단어 찾기 빈칸에 들어갈 알맞은 단어를 찾아 ☑ 표 하세요.

- 대통령이 고위 공직자를 임명하고자 할 때, 후보자가 적합한지를 국회가 검증하는 자리를 (　　)라고 해요.
  - ☐ 국회 본회의
  - ☐ 인사 청문회
- 대통령이 추천한 후보자가 이상 없다고 판단되면 국회는 (　　)를 채택해 합격 판정을 내려요.
  - ☐ 인권 보고서
  - ☐ 인사청문경과보고서

꼼꼼히 읽기 인사 청문회에 대한 설명으로 틀린 것을 고르세요. (　　)

① 인사 청문회는 대통령이 추천한 후보자가 그 자리에 적합한지 국민들이 검증하는 자리이다.
② 인사 청문회에서 후보자가 적합하다고 판단되면 국회는 인사청문경과보고서를 채택한다.
③ 후보자가 국회에서 불합격 판정을 받으면 대통령은 다른 후보자를 다시 추천할 수 있다.

어휘 익히기 다음 초성 힌트와 설명을 보고 해당하는 어휘를 적어 보세요.

- ㅊㅁㅎ　　어떤 문제의 내용을 듣고 그에 관해 물어보는 모임.
- ㄱㅈ　　국가 기관이나 공공 단체의 일을 맡아보는 직책.
- ㅁㅇㄹ　　필요가 없다는 주장.

요약 정리하기 괄호 안에 알맞은 말을 넣어 기사를 요약해 보세요.

(　　　　)를 통과하지 못했는데도 대통령이 후보자를 공직에 임명할 때마다 (　　　　)가 필요 없다는 무용론이 나오기도 해요.

생각 곱씹기 여러분이 장관 인사 청문회에 참석한 국회의원이라면 후보자의 어떤 점부터 보게 될까요?

저의 청원을 들어주세요!

> **미리보기 사전**
> **국민동의청원**
> 국민이 자신의 의견이나 희망을 국회에 청원하는 것을 뜻해요. 국민동의청원 사이트에 청원을 올려 30일 동안 5만 명의 동의를 받으면 국회에서 심사하게 돼요.

 2024년 2월에 열린 아시안컵 축구대회에서 남자 축구대표팀이 4강에서 패하자 국민동의청원 사이트에는 클린스만 감독을 경질하고 대한축구협회 정몽규 회장의 사퇴를 요구하는 청원이 올라왔어요. 결국 2월 중 클린스만 감독이 경질되면서 이 청원은 흐지부지되었어요.

5만 명 이상의 동의를 받은 청원은 국회로

 우리나라는 「대한민국헌법」 제26조에 "모든 국민은 법률이 정하는 바에 의하여 국가기관에 문서로 청원할 권리를 가진다.", "국가는 청원에 대하여 심사할 의무를 진다."라고 규정함으로써 국민의 청원권을 보장하고 있어요. 우리나라 국민이면 누구나 국민동의청원 사이트에 원하는 청원을 올릴 수 있어요. 30일 동안 5만 명 이상의 동의를 받은 청원은 그 내용에 따라 국회의 해당 위원회로 회부돼요. 위원회는 회부된 청원을 청원심사소위원회의 심사를 거쳐 본회의에 보내거나 폐기해요.

채택되지 않아도 여론 형성에 효과적

 국민동의청원이 국회의 해당 위원회에서 폐기되더라도 국민동의청원을 올려 여러 사람의 동의를 얻는 것은 그 자체로 뜻깊은 일이에요. 국민의 의견이 제약 없이 국회에 전달되어 국회의원들의 심사를 거쳐 채택될 수 있고, 만약 폐기되더라도 여론 형성 효과를 거둘 수 있기 때문이에요. 바야흐로 전자 민주주의의 전성시대라고 할 수 있어요.

핵심 단어 찾기 빈칸에 들어갈 알맞은 단어를 찾아 ☑ 표 하세요.

- (   )은 국민이 자신의 의견이나 희망을 국회에 청원하는 것을 뜻해요.
  - ☐ 국민동의청원
  - ☐ 오프라인 청원

- 국민동의청원 사이트에 청원을 올려 (   ) 동안 5만 명의 동의를 받으면 국회에서 심사하게 돼요.
  - ☐ 30일
  - ☐ 20일

꼼꼼히 읽기 국민동의청원에 대한 설명으로 틀린 것을 고르세요. (   )

① 우리나라는 「대한민국헌법」 제26조에 국민의 청원권을 보장하고 있다.
② 우리나라 국민이라면 누구나 국민동의청원 사이트에 원하는 청원을 올릴 수 있다.
③ 30일 동안 5만 명 이상의 동의를 받은 청원은 그 내용에 따라 해당 지방자치단체로 회부된다.

어휘 익히기 다음 초성 힌트와 설명을 보고 해당하는 어휘를 적어 보세요.

- ㅊㅇ   국민이 법률 절차에 따라 구제, 법률 개정 등의 일을 국회 등에 청구하는 일.

- ㅎㅂ   제안이나 사건 등을 어떤 대상이나 과정으로 돌려보내거나 넘김.

- ㅇㄹ   사회 대중의 공통된 의견.

요약 정리하기 괄호 안에 알맞은 말을 넣어 기사를 요약해 보세요.

(   )을 올려 여러 사람의 동의를 얻는 것은 그 자체로 뜻깊은 일이에요. 국민의 의견이 제약 없이 국회에 전달되어 국회의원들의 심사를 거쳐 채택될 수 있고, 만약 폐기되더라도 여론 형성 효과를 거둘 수 있기 때문이에요.

생각 곱씹기 국민동의청원으로 올리고 싶은 제안을 한 가지만 적어 보세요.

_____

_____

어휘 한눈에 보기

정치 기사에 등장한 한자어와 순우리말 어휘를 정리했어요. 한자처럼 보이지만 순우리말인 경우도 있고 순우리말처럼 보이는 말이 한자어인 경우도 있으니 꼼꼼하게 살펴보세요.

 정치 기사에서 눈여겨보면 좋을 **한자어**

선거
選 가릴 선
擧 들 거

일정한 조직이나 집단이 대표자나 임원을 뽑는 일.

투표
投 던질 투
票 표 표

선거를 할 때 투표용지에 의사를 표시하여 내는 일.

세력
勢 기세 세
力 힘 력(역)

권력이나 기세의 힘.

기득권
既 이미 기
得 얻을 득
權 권세 권

특정 법인, 국가 등이 이미 차지한 권리.

영합
迎 맞이할 영
合 합할 합

사사로운 이익을 위해 아첨하며 좇음.

의석
議 의논할 의
席 자리 석

의회 등에서 의원이 앉는 자리.

정부
政 정사 정
府 마을 부

삼권 분립에 의하여 행정을 맡아보는 국가 기관.

원수
元 으뜸 원
首 머리 수

한 나라에서 으뜸가는 권력을 지니고 나라를 다스리는 사람.

독재
獨 홀로 독
裁 마를 재

특정한 개인, 단체 계급 등이 모든 권력을 차지하여 일을 독단으로 처리함.

총리
總 거느릴 총
理 다스릴 리(이)

내각 수반으로, 행정 각부를 지휘·감독·통할하는 사람.

보안
保 보전할 보
安 편안할 안

안전을 유지함.

검증
檢 검사할 검
證 증명할 증

검사하여 증명함.

장관
長 길 장
官 벼슬 관

행정 각부의 우두머리.

자질
資 재물 자
質 바탕 질

어떤 분야의 일에 대한 능력이나 실력의 정도.

임명
任 맡길 임
命 목숨 명

일정한 지위나 임무를 남에게 맡김.

요구
要 중요할 요
求 구할 구

받아야 할 것을 필요에 의하여 달라고 청함.

심사
審 살필 심
査 조사할 사

자세하게 조사하여 등급이나 당락 등을 결정함.

동의
同 같을 동
意 뜻 의

의사나 의견을 같이함.

정치 기사에서 눈여겨보면 좋을 순우리말

- **펼치다**   생각 등을 전개하거나 발전시키다.
- **번갈다**   일정한 기간 어떤 행동이 되풀이되어 미치는 대상의 차례를 바꾸다.
- **꾀하다**   어떤 일을 이루려고 뜻을 두거나 힘을 쓰다.
- **잇따르다**   어떤 사건이나 행동 등이 이어 발생하다.
- **뿌리내리다**   어떤 사물이나 현상의 근원이나 바탕이 이루어지다.
- **내세우다**   주장이나 의견 등을 내놓고 주장하거나 지지하다.
- **맺다**   관계나 인연 등을 이루거나 만들다.
- **꼼꼼히**   빈틈이 없이 차분하고 조심스러운 모양.
- **흐지부지**   확실하게 하지 못하고 흐리멍덩하게 넘어가거나 넘기는 모양.
- **뜻깊다**   가치나 중요성이 크다.
- **바야흐로**   이제 한창. 또는 지금 바로.

과학

- 제로 슈거
- 지진해일
- AI 소라
- 천연 수소
- 달 탐사

눈이 안 와도 스키를 탈 수 있다고?

미리 보기 사전

인공 눈
제설기를 사용해 만든 눈을 말해요. 공기 중에 미세한 물방울을 뿌려 얼어붙게 해서 만들어요.

추운 겨울에 눈이 오지 않아도 인공 눈 덕분에 스키를 탈 수 있어요. 스키장에는 인공 눈 또는 자연 눈과 인공 눈이 섞여서 쌓여 있거든요. 그래서 눈이 녹지 않을 정도로 추운 날씨라면 언제든 스키를 탈 수 있답니다.

자연 눈과 인공 눈의 차이

자연 눈은 구름에 있던 물방울과 얼음 알갱이가 서로 엉키며 무거워지다가 땅으로 떨어진 거예요. 땅으로 떨어지는 동안 눈에 수증기가 달라붙어 잔가지 모양으로 결정이 만들어져요. 반면에 인공 눈은 땅과 가까운 곳에서 만들어지기 때문에 눈에 수증기가 달라붙을 시간이 충분하지 않아요. 그래서 잔가지가 아니라 빈틈없는 방패 모양으로 결정이 만들어져요. 결정들 사이에 빈틈이 없어서 인공 눈은 밟았을 때 발이 빠지지 않고 소리도 거의 나지 않아요.

스키장이 문을 열 수 있는 조건

인공 눈은 제설기로 만들어요. 제설기가 매우 작은 물방울을 공기 중으로 뿌리면 이 물방울이 차가운 공기와 맞닿아 순식간에 어는 원리예요. 제설기가 제대로 작동하려면 기온이 최소 영하 3℃ 아래로 떨어지고, 주변 공기가 건조해야 해요. 제설기가 영하 3℃ 이하, 습도 60% 이하 조건에서 제대로 작동하기 때문에 스키장은 매년 이런 조건에 알맞은 날짜를 정해 문을 열곤 해요.

핵심 단어 찾기 빈칸에 들어갈 알맞은 단어를 찾아 ✓ 표 하세요.

- (　　)은 제설기를 사용해 만든 눈을 말해요. 공기 중에 미세한 물방울을 뿌려 얼어붙게 해서 만들어요.
  - ☐ 자연 눈
  - ☐ 인공 눈

- 스키장에는 인공 눈 또는 (　　)과 인공 눈이 섞여서 쌓여 있어요.
  - ☐ 자연 눈
  - ☐ 인공 눈

꼼꼼히 읽기 자연 눈과 인공 눈에 대한 설명으로 틀린 것을 고르세요. (　　)

① 자연 눈은 구름에 있던 물방울과 얼음 알갱이가 서로 엉키며 무거워지다가 땅으로 떨어진 것이다.
② 자연 눈의 결정은 잔가지 모양이 아니고 빈틈없는 방패 모양이다.
③ 인공 눈은 결정들 사이에 빈틈이 없어서 밟았을 때 발이 빠지지 않고 소리도 거의 나지 않는다.

어휘 익히기 다음 초성 힌트와 설명을 보고 해당하는 어휘를 적어 보세요.

- ㅇㄱ　　　사람의 힘으로 자연을 가공하거나 작용하는 일.
- ㅅㅈㄱ　　기체 상태로 되어 있는 물.
- ㅅㄷ　　　공기 가운데 수증기가 들어 있는 정도.

요약 정리하기 괄호 안에 알맞은 말을 넣어 기사를 요약해 보세요.

제설기가 매우 작은 (　　　　)을 공기 중으로 뿌리면 이 (　　　　)이 차가운 공기와 맞닿아 순식간에 얼면서 인공 눈이 돼요.

생각 곱씹기 눈이 오면 길이 미끄러워지는 등 여러 가지 불편을 겪는데도 눈이 와야 하는 이유는 무엇일까요?

163

더울 때도 추울 때도 일정한 체온

> **미리보기사전**
> **체온**
> 동물체가 가지고 있는 온도를 말해요.

체온은 건강 상태를 나타내는 중요한 지표예요. 그래서 우리가 아프면 제일 먼저 체온을 재는 거예요. 몸에 병원균이 들어오면 면역 체계가 맞서 싸우느라 체온이 오르게 돼요. 반면에 추운 환경에 오래 있다 보면 체온이 떨어져 신체 기능이 제대로 작동하지 않게 되죠. 그래서 체온을 일정하게 유지하는 것은 매우 중요하답니다.

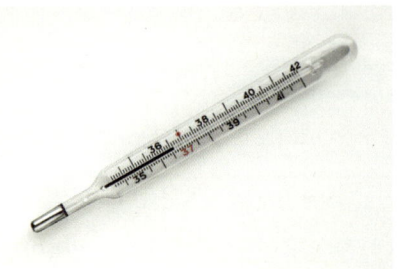

인간은 체온이 일정한 정온 동물

인간은 외부 온도 변화에 관계없이 일정한 체온을 유지해요. 몸 안에서 생산되는 열의 양과 몸 밖으로 방출하는 열의 양을 조절해 체온을 36~37°C로 유지하는 거예요. 이렇게 체온을 일정하게 유지하는 동물을 '정온 동물'이라고 해요. 더운 날에 우리 몸은 밖으로 방출하는 열의 양을 늘려 체온을 조절해요. 추운 날에는 몸에서 신진대사가 활발해지며 열과 에너지를 만들어 체온을 올리죠. 추운 날 온몸이 덜덜 떨리는 이유가 바로 신진대사로 열 생산량을 늘리고 있기 때문이에요.

아프면 열이 나는 이유

몸속에 병원균이 들어오면 감기 등 병에 걸리게 돼요. 그러면 우리 몸의 면역 세포 중 하나인 백혈구가 출동해 병원균을 집어삼킨 뒤 녹여서 없애요. 이때 우리 몸은 열을 내서 백혈구가 잘 싸울 수 있도록 도와요. 높은 온도에서는 병원균이 제대로 활동하지 못하거든요. 아플 때 열이 나는 것은 우리 몸이 병원균과 열심히 싸우고 있다는 증거랍니다.

핵심 단어 찾기 빈칸에 들어갈 알맞은 단어를 찾아 ☑ 표 하세요.

- 동물체가 가지고 있는 온도를 (　　)이라고 해요.

- 몸에 (　　)이 들어오면 면역 체계가 (　　)과 싸우느라 체온이 오르게 돼요.

☐ 체온
☐ 수온
☐ 병원균
☐ 음식

꼼꼼히 읽기 체온에 대한 설명으로 틀린 것을 고르세요. (　　)

① 인간은 외부 온도 변화에 관계없이 일정한 체온을 유지한다.
② 인간은 몸 안에서 생산되는 열의 양과 몸 밖으로 방출하는 열의 양을 조절해 체온을 38~39℃로 유지한다.
③ 추운 날에는 몸에서 신진대사가 활발해지며 열과 에너지를 만들어 체온을 올린다.

어휘 익히기 다음 초성 힌트와 설명을 보고 해당하는 어휘를 적어 보세요.

- ㅂㅇㄱ　　　　병의 원인이 되는 균.

- ㅅㅈㄷㅅ　　　생물이 영양물질을 몸 안에서 분해해 에너지를 생성하고 필요하지 않은 물질을 몸 밖으로 내보내는 작용.

- ㅁㅇ　　　　　몸속에 들어온 병원균에 대항하는 항체를 만들어 다음에는 그 병에 걸리지 않도록 하는 작용.

요약 정리하기 괄호 안에 알맞은 말을 넣어 기사를 요약해 보세요.

더운 날에 우리 몸은 밖으로 방출하는 열의 양을 늘려 체온을 조절해요. 추운 날에는 신진대사가 활발해지며 열과 에너지를 만들어 체온을 올려요. 이렇게 체온을 일정하게 유지하는 동물을 (　　　　　)이라고 해요.

생각 곱씹기 우리 몸에서 일어나는 신진대사를 두 가지만 적어 보세요.

_____

_____

캠핑장에서 이 없으면 잇몸

미리보기사전

캠핑장
산이나 들에서 천막을 치고 야영하는 장소를 말해요. 우리나라는 캠핑 인구가 늘면서 캠핑장도 많아지고 있어요.

몇 달 전부터 손꼽아 기다리던 주말 캠핑! 캠핑장에 도착해 짐을 내리는데 아뿔싸! 라면을 끓일 냄비를 집에 놓고 왔어요. 또 장작에 불을 붙이려는데 불쏘시개로 쓸 나무도 없고요. 이럴 때 어떻게 하면 좋을까요?

라면 끓일 냄비가 없다면?

냄비가 없다면 우유갑을 냄비 대용으로 쓸 수 있어요. 종이로 만든 우유갑이지만 불에 타지 않아요! 버너에서 우유갑으로 전달된 열이 우유갑에 남아 있지 않고 물로 이동하기 때문이에요. 우유갑의 발화점은 물의 끓는점보다 높답니다. 그래서 우유갑이 타기 전에 물이 먼저 끓는 거죠. 100℃가 넘으면 물이 끓으며 라면이 익지만 우유갑, 즉 종이의 발화점은 250℃여서 물이 끓어도 우유갑은 불에 타지 않아요. 그런데 우유갑 속의 물이 모두 증발하면 열이 고스란히 우유갑으로 전해져서 발화점까지 뜨거워지다가 불에 타게 돼요.

불 붙일 불쏘시개가 없다면?

캠핑의 꽃은 불멍! 그런데 어젯밤 내린 비 때문인지 장작에 불이 잘 붙지 않는다면 나초나 감자칩같이 기름기가 많은 과자를 불쏘시개로 써 보세요. 이런 과자

에는 기름야자 열매를 짜서 만든 팜유가 들어 있어서 불에 잘 타는 연료가 되어 바로 불이 붙어요. 또 과자 사이사이 빈 곳으로 산소가 잘 공급되어 불이 쉽게 붙는답니다.

핵심 단어 찾기 빈칸에 들어갈 알맞은 단어를 찾아 ☑ 표 하세요.

- 산이나 들에서 천막을 치고 야영하는 장소를 (　　)이라고 해요.
- 냄비가 없다면 (　　)을 냄비 대용으로 쓸 수 있어요.

☐ 본부장
☐ 캠핑장
☐ 비눗갑
☐ 우유갑

꼼꼼히 읽기 캠핑 중 임기응변에 대한 설명으로 틀린 것을 고르세요. (　　)

① 우유갑에 물을 넣고 끓이면 열이 우유갑에 남아 있어 불에 탄다.
② 우유갑의 발화점은 물의 끓는점보다 높다.
③ 나초나 감자칩같이 기름기가 많은 과자에는 팜유가 들어 있어 불에 잘 탄다.

어휘 익히기 다음 초성 힌트와 설명을 보고 해당하는 어휘를 적어 보세요.

- ㅂ ㅎ ㅈ　　　공기나 산소 속에서 물질을 가열할 때 스스로 발화해 연소를 시작하는 최저 온도.
- ㅈ ㅂ　　　어떤 물질이 액체 상태에서 기체 상태로 변함.
- ㅂ ㅆ ㅅ ㄱ　　　불을 피울 때 불이 쉽게 옮겨붙도록 먼저 태우는 물건.

요약 정리하기 괄호 안에 알맞은 말을 넣어 기사를 요약해 보세요.

우유갑의 발화점이 (　　)의 끓는점보다 높아서 우유갑이 타기 전에 (　　)이 먼저 끓어요.
우유갑, 즉 종이의 끓는점은 250℃여서 (　　)이 끓어도 우유갑은 불에 타지 않아요.

생각 곱씹기 기름진 과자 외에 불쏘시개로 쓸 만한 것을 두 가지만 적어 보세요.

_____

_____

클라우드가 바꾼 일상

> **미리보기사전**
>
> **클라우드**
> 인터넷상의 서버에 파일이나 정보를 저장하여 두는 시스템을 말해요.

집에서 컴퓨터로 만든 숙제 파일을 클라우드에 저장해 놓았다가 학교에서 선생님께 보여 드린 적이 있나요? 인터넷이 연결되는 곳이라면 언제 어디서나 클라우드에 저장해 놓은 파일을 열 수 있어요. 클라우드가 우리 일상을 어떻게 바꾸고 있는지 알아볼까요?

디지털 교과서 쓰면 클라우드 활용도 높아져

클라우드 서비스는 네이버, 구글, 애플 등에서 제공하고 있어요. 기본 제공 공간을 사용하는 것은 무료이고, 더 큰 공간을 쓰려면 요금을 내야 해요. 회의 자료, 학습 자료 등을 클라우드에 저장해 놓으면 필요할 때 꺼내 쓰고 다시 저장할 수 있어요. 2025년부터 디지털 교과서를 사용하게 되면 클라우드 활용도가 높아질 거예요. 또 가전제품을 클라우드로 연결하면 스마트폰으로 조작할 수 있어요. 가전제품을 주로 사용하는 시간대, 자주 이용하는 서비스 등 나의 사용 습관을 클라우드에 저장해 놓으면 이를 활용해 맞춤형 서비스를 제안하기도 하죠.

클라우드가 발전하면 보안 기술도 발전

우리는 살아가며 매 순간 데이터를 만들어요. 어떤 상품을 찾았고, 어떤 물건을 샀으며, 어느 사이트에 오래 머물렀는지 등 우리의 일상생활을 모은 데이터는 '빅데이터'가 돼요. 정부와 기업은 이 빅데이터를 활용해 정책 방향을 결정하고 판매 전략을 세워요. 그런데 클라우드를 사용할 때 조심해야 할 부분이 있어요. 바로 보안 문제인데요, 클라우드의 보안이 뚫리면 저장해 둔 파일이 유출되거나 사라질 수 있어요. 그래서 IT 기술이 발전하는 만큼 정보를 안전하게 지키는 보안 기술도 함께 발전해요.

핵심 단어 찾기 빈칸에 들어갈 알맞은 단어를 찾아 ✓ 표 하세요.

- 인터넷상의 서버에 파일이나 정보를 저장하여 두는 시스템을 (　　)라고 해요.
- (　　)이 연결되는 곳이라면 언제 어디서나 클라우드에 저장해 놓은 파일을 열 수 있어요.

☐ USB
☐ 클라우드
☐ 인터넷
☐ 전기선

꼼꼼히 읽기 클라우드에 대한 설명으로 틀린 것을 고르세요. (　　)

① 클라우드 서비스는 네이버, 구글, 애플 등에서 제공하고 있다.
② 클라우드에서 기본으로 제공하는 공간을 사용하는 것은 유료이다.
③ 우리의 일상생활을 모으면 빅데이터가 된다.

어휘 익히기 다음 초성 힌트와 설명을 보고 해당하는 어휘를 적어 보세요.

- ⓓⓩⓣ ⓖⓖⓢ　교과서, 사전, 참고서, 문제집, 동영상 등을 아울러 갖춘 휴대용 단말기 교과서.
- ⓜⓩⓗ　요구나 취향, 필요에 맞추어 내놓는 형식.
- ⓩⓩ　물건 등을 모아서 간수함.

요약 정리하기 괄호 안에 알맞은 말을 넣어 기사를 요약해 보세요.

회의 자료, 학습 자료 등을 (　　　　)에 저장해 놓으면 필요할 때 꺼내 쓰고 다시 저장할 수 있어요. 2025년부터 디지털 교과서를 사용하게 되면 (　　　　) 활용도가 높아질 거예요.

생각 곱씹기 클라우드에 꼭 저장하고 싶은 파일이 있다면 무엇인지 적어 보세요.

세계에서 여섯째 남극 내륙 기지

> **미리보기 사전**
> **남극 내륙**
> 남극은 지구 자전축의 남쪽 끝이고, 내륙은 바다에서 멀리 떨어져 있는 육지예요.

 우리나라는 이미 남극 해안에 세종과학기지와 장보고과학기지를 건설해 운영 중인데, 2030년에 남극 내륙에 새로운 기지를 세운다고 해요. 세계에서 여섯째가 될 남극 기지는 어떤 역할을 하게 될까요?

남극 내륙의 환경

 2023년 12월 31일 K루트 탐사대가 남극 내륙 기지 후보지에 도착했어요. K루트는 우리나라가 남극 내륙에 기지를 세우려고 개척하는 길을 말해요. 남극 내륙에 기지를 세우려면 각종 자재와 장비를 옮길 육로가 필요해요. 비행기를 이용하는 데는 날씨 변수가 크게 작용하고 비용도 너무 많이 들기 때문이에요. 남극 내륙은 남극 해안과 환경이 달라요. 해안은 연평균 기온이 영하 10℃ 안팎인데, 내륙은 영하 60℃에 달하거든요.

두꺼운 빙하 밑에서 100만 년 전 기후 변화 찾아

 남극은 얼음이 평균 2km 두께로 덮여 있는 대륙이에요. 영하 수십 도까지 떨어지는 극한 환경과 빙하가 움직이면서 만든 크레바스 때문에 대륙 안쪽으로 접근하기가 어려워요. 그래서 남극 내륙에는 미국, 중국, 러시아, 일본, 프랑스-이탈리아(공동)의 기지 5곳만 있어요. 남극 내륙 기지가 들어설 지역의 빙하 두께는 최소 3.2km 이상이어서 100만 년 전 기후 변화를 파악할 수 있어요. 또 최저 기온이 영하 80℃ 밑으로 내려가기 때문에 환경이 비슷한 우주를 탐사하는 기술을 연구할 수도 있답니다.

남극 내륙 기지 후보지에 기상 관측 타워를 설치하는 모습.

핵심 단어 찾기 빈칸에 들어갈 알맞은 단어를 찾아 ☑ 표 하세요.

- 우리나라는 이미 (　　) 해안에 세종과학기지와 장보고과학기지를 건설해 운영 중이에요.
- 우리나라는 2030년 세계에서 여섯째로 남극 (　　)에 새로운 기지를 세울 계획이에요.

☐ 남극
☐ 북극
☐ 해안
☐ 내륙

꼼꼼히 읽기 남극 내륙 기지에 대한 설명으로 틀린 것을 고르세요. (　　)

① 2023년 12월 31일 K루트 탐사대가 남극 내륙 기지 후보지에 도착했다.
② K루트는 우리나라가 남극 내륙에 기지를 세우려고 개척하는 길이다.
③ 남극 내륙은 연평균 기온이 영하 60℃인 해안과 달리 영하 10℃ 안팎이다.

어휘 익히기 다음 초성 힌트와 설명을 보고 해당하는 어휘를 적어 보세요.

- ㅌㅅㄷ　　　　알려지지 않은 지역을 조사하려고 만든 모임.
- ㅇㄹ　　　　땅 위로 난 길.
- ㅋㄹㅂㅅ　　　빙하의 표면에 생긴 깊은 균열.

요약 정리하기 괄호 안에 알맞은 말을 넣어 기사를 요약해 보세요.

(　　　　　　)가 들어설 지역의 빙하 두께는 최소 3.2km 이상이어서 100만 년 전 기후 변화를 파악할 수 있고, 최저 기온이 영하 80℃ 밑으로 내려가기 때문에 환경이 비슷한 우주를 탐사하는 기술을 연구할 수도 있어요.

생각 곱씹기 남극 내륙 기지로 가는 K루트를 개척한 우리 대원들에게 응원하는 한마디를 적어 보세요.

_____

_____

오로라 빛깔의 비밀

> **미리보기사전**
> **오로라**
> 주로 극지방에서 초고층 대기 중에 나타나는 발광 현상을 말해요.

오로라는 북극과 남극을 중심으로 2,500~3,000km 정도 원둘레에서 발생해요. 노르웨이, 핀란드, 스웨덴, 아이슬란드, 러시아, 캐나다 등에서 볼 수 있는데, 선명한 오로라를 찾아서 떠나는 여행을 오로라 헌팅이라고 불러요. 이런 오로라는 어떻게 만들어질까요?

태양풍 입자와 기체 분자의 충돌

지구는 하나의 거대한 자석이에요. 자석 주위에 자기장이 만들어지는 것처럼 지구 주위에도 자기장이 존재해요. 이 자기장이 태양에서 오는 태양풍 입자를 막는 방어막 역할을 하죠. 태양풍 입자가 지구 자기장을 만나면 지구로 침투하지 못하고 자기장을 따라 움직이게 돼요. 자기력선을 따라 북극과 남극으로 온 태양풍 입자는 극 지역의 대기에 있는 기체 분자와 충돌하면서 에너지를 빼앗겨요. 이때 태양풍 입자가 갖고 있던 에너지를 흡수한 기체 분자가 에너지를 빛으로 내보내는데, 이게 바로 오로라예요.

맑은 날 밤에 잘 보이는 오로라

오로라의 색은 다양한데, 태양풍 입자와 충돌하는 기체의 종류가 다양하기 때문이에요. 태양풍 입자가 산소 분자와 충돌하면 녹색이나 붉은색 빛이 나오고, 질소 분자와 충돌하면 보라색이나 분홍색 빛이 나와요. 오로라는 항상 일어나지만 빛이 햇빛보다 약해서 낮에는 잘 보이지 않고 맑은 날 밤에 잘 보여요. 오로라는 남극과 북극 모두에서 관찰할 수 있지만, 남극 지방은 일반인이 접근하기 어려운 곳이어서 관광객은 주로 북극과 가까운 지역에서 오로라를 보게 돼요.

핵심 단어 찾기 빈칸에 들어갈 알맞은 단어를 찾아 ☑ 표 하세요.

- 극지방에서 초고층 대기 중에 나타나는 발광 현상을 (　　)라고 해요.
- 오로라는 (　　)과 (　　)을 중심으로 2,500~3,000km 정도 원둘레에서 발생해요.

☐ 무지개
☐ 오로라
☐ 북극 / 남극
☐ 중국 / 일본

꼼꼼히 읽기 오로라에 대한 설명으로 틀린 것을 고르세요. (　　)

① 오로라는 노르웨이, 핀란드, 스웨덴, 아이슬란드, 러시아, 캐나다 등에서 볼 수 있다.
② 자석 주위에 자기장이 만들어지는 것처럼 지구 주위에도 자기장이 존재한다.
③ 태양풍 입자가 지구 자기장을 만나면 지구로 침투해 육지와 바다까지 도달한다.

어휘 익히기 다음 초성 힌트와 설명을 보고 해당하는 어휘를 적어 보세요.

- ㅈㄱㅈ　　자석의 주위, 지구의 표면과 같이 자기의 작용이 미치는 공간.
- ㅌㅇㅍ　　태양에서 방출되는 입자의 흐름. 지구 가까이 이르렀을 때 속도는 1초에 350km이다.
- ㅇㅈ　　물질을 구성하는 미세한 크기의 물체.

요약 정리하기 괄호 안에 알맞은 말을 넣어 기사를 요약해 보세요.

오로라는 항상 일어나지만 빛이 햇빛보다 약해 (　　　　)보다 맑은 날 (　　　　)에 잘 보여요.

생각 곱씹기 어느 나라에서 오로라를 보고 싶은가요? 이유와 함께 적어 보세요.

_____

_____

잘 자는 어린이가 잘 자란다

> **미리 보기 사전**
>
> **수면**
> 잠을 자는 일을 말해요. 잠을 제대로 못 자는 수면장애 환자가 늘고 있어요.

국민건강보험공단의 자료에 따르면 잠을 제대로 못 자는, 수면장애를 앓는 사람이 계속 늘고 있다고 해요. 수면장애 때문에 병원을 찾은 사람이 2018년 91만 606명에서 2022년 116만 3,073명으로 늘었거든요. 우리에게 잠은 얼마나 중요할까요?

긴장을 풀고 에너지를 저장하는 시간

사람의 평균 수명을 80년이라고 가정할 때 잠을 자는 시간은 26년 정도라고 해요. 잠을 자는 동안 우리 몸은 많은 일을 해요. 뇌는 감각 세포를 무디게 하고 운동 신경의 반응을 줄여요. 몸은 긴장을 풀고 휴식하면서 다음 날 신체 활동에 필요한 에너지를 저장해요. 그러나 잠을 잘 자지 못하면 심장 박동이 빨라지고 혈압이 올라가요. 또 호르몬 사이의 균형이 깨져 더 많은 음식을 먹게 되고, 감정이 조절되지 않아 쉽게 흥분하기도 해요.

밤 10시~새벽 2시에 꿀잠 자야

잠은 청소년의 성장에 도움을 줘서 키가 자라게 하고 몸을 튼튼하게 만들어요. 밤 10시부터 새벽 2시 사이는 성장 호르몬이 많이 분비되는 시간이므로, 청소년은 이 시간에 깊은 잠을 자는 게 좋아요. 그렇다면 어떻게 해야 잠을 잘 잘 수 있을까요? 휴대전화와 태블릿PC 등 휴대용 전자기기를 멀리해야 해요. 전자기기의 화면에서 나오는 파란색 빛, 즉 블루라이트가 눈에 강한 자극을 줘서 수면을 방해하기 때문이에요. 또 잠들기 전에 음식을 먹으면 안 돼요. 자는 동안에 혈액이 위장으로 쏠려 신진대사를 방해하기 때문에 다음 날 더 피곤함을 느끼거든요.

핵심 단어 찾기 빈칸에 들어갈 알맞은 단어를 찾아 ☑ 표 하세요.

- 국민건강보험공단의 자료에 따르면 잠을 제대로 못 자는 (　　)를 앓는 사람이 계속 늘고 있다고 해요.
- 잠을 자는 동안 우리의 (　　)는 감각 세포를 무디게 하고 운동 신경의 반응을 줄여요.

☐ 소통장애
☐ 수면장애
☐ 뇌
☐ 귀

꼼꼼히 읽기 수면에 대한 설명으로 틀린 것을 고르세요. (　　)

① 잠을 자는 동안 몸은 긴장을 풀고 휴식하면서 다음 날 신체 활동에 필요한 에너지를 저장한다.
② 잠을 못 자게 되면 심장 박동이 느려지고 혈압이 올라간다.
③ 잠을 못 자게 되면 호르몬 사이의 균형이 깨져 더 많은 음식을 먹게 된다.

어휘 익히기 다음 초성 힌트와 설명을 보고 해당하는 어휘를 적어 보세요.

- ㅎㅇ　　　　심장에서 혈액을 밀어 낼 때 혈관 안에 생기는 압력.
- ㅅㅈㅂㄷ　　심장이 주기적으로 오므라졌다 부풀었다 하는 운동.
- ㅈㄱ　　　　어떠한 작용을 주어 감각이나 마음에 반응이 일어나게 함.

요약 정리하기 괄호 안에 알맞은 말을 넣어 기사를 요약해 보세요.

잠은 청소년의 성장에 도움을 줘서 키가 자라게 하고 몸을 튼튼하게 만들어요. 그래서 청소년은 (　　　　　　　)이 많이 분비되는 밤 10시부터 새벽 2시 사이에 깊은 잠을 자는 게 좋아요.

생각 곱씹기 잠이 안 올 때는 어떻게 하면 좋을까요? 이유와 함께 적어 보세요.

제로 슈거인데 왜 달까?

> **미리보기사전**
> **제로 슈거**
> 설탕이 첨가되지 않은 것을 말해요. 설탕의 칼로리를 염려하는 사람들 사이에서 제로 슈거 제품이 인기를 끌고 있어요.

시장조사 전문업체인 마켓링크가 2023년 6월 발표한 자료에 따르면 국내 제로 슈거 탄산음료 시장 규모는 2020년 924억 원에서 2022년 3,683억 원으로 2년 만에 4배가량 성장했다고 해요. 제로 슈거 제품의 인기가 엄청나게 높아진 거예요.

설탕 대신 대체 감미료

설탕이 비만과 당뇨의 원인이 되어 몸에 안 좋다는 사실 때문에 제로 슈거 제품을 찾는 사람이 많아졌어요. 그런데 막상 제로 슈거 제품을 먹어 보면 설탕이 들어간 제품과 단맛에는 별 차이가 없는데, 설탕 대신 대체 감미료를 넣었기 때문이에요. 대체 감미료는 칼로리가 없거나 낮지만 설탕보다 수십 또는 수백 배까지 단맛이 강해서 조금만 넣어도 설탕과 비슷한 단맛을 낼 수 있어요. 그래서 식품 기업에서는 설탕 대신 대체 감미료를 사용해 원가를 줄이고 있어요.

아스파탐 발암 물질로 지정

그런데 2023년 세계보건기구(WHO) 국제암연구소가 대체 감미료의 하나인 아스파탐을 '사람에게 암을 유발할 가능성이 있는 물질'로 지정했어요. 아스파탐은 설탕보다 200배 강한 단맛을 내고 가격도 저렴해서 그동안 널리 쓰여 왔어요. 하지만 세계보건기구에서 발암 물질로 지정한 뒤에는 식품업계에서 거의 쓰이지 않아요. 아스파탐이 빠진 자리를 수크랄로스, 사카린 등 다른 대체 감미료가 대신하고 있어요.

핵심 단어 찾기 빈칸에 들어갈 알맞은 단어를 찾아 ✓ 표 하세요.

- ( )는 설탕이 첨가되지 않은 것을 말해요.
- 설탕의 ( )를 염려하는 사람들 사이에서 제로 슈거 제품이 인기를 끌고 있어요.

☐ 제로 슈거
☐ 제로 에너지
☐ 컬러
☐ 칼로리

꼼꼼히 읽기 제로 슈거에 대한 설명으로 틀린 것을 고르세요. ( )

① 국내 제로 슈거 탄산음료 시장은 2020년 924억 원에서 2022년 3,683억 원으로 성장했다.
② 설탕이 몸에 안 좋다는 사실 때문에 제로 슈거 제품을 찾는 사람이 많다.
③ 식품 기업에서 설탕 대신 대체 감미료를 사용하면서 원가가 상승했다.

어휘 익히기 다음 초성 힌트와 설명을 보고 해당하는 어휘를 적어 보세요.

- ㅋ ㄹ ㄹ   식품의 영양가를 열량으로 환산해 나타낸 단위. 보통 cal로 표시한다.

- ㄷ ㄴ   소변에 당분이 많이 섞여 나오는 병. 인슐린이 부족하여 생긴다.

- ㄷ ㅊ   다른 것으로 대신함.

요약 정리하기 괄호 안에 알맞은 말을 넣어 기사를 요약해 보세요.

2023년 세계보건기구(WHO) 국제암연구소에서 ( )의 하나인 아스파탐을 발암 물질로 지정했어요. 아스파탐이 빠진 자리를 수크랄로스, 사카린 등 다른 ( )가 대신하고 있어요.

생각 곱씹기 제로 슈거 제품에는 설탕이 들어 있지 않으니 마음껏 먹어도 될까요?

또 다른 지구를 만드는 테라포밍

> **미리보기사전**
>
> **테라포밍(terraforming)**
> 다른 행성이나 위성을 지구 환경과 비슷하게 꾸미는 일을 말해요. '지구'를 뜻하는 '테라(terra)'와 '형성'을 뜻하는 '포밍(forming)'의 합성어예요.

화석 연료를 무분별하게 사용하면서 이산화탄소가 늘어나 뜨거워진 지구에 폭염, 홍수 등 이상 기후가 나타나고 있어요. 과학자들은 지구만 믿고 가만히 있어서는 안 되겠다고 생각해 테라포밍에 나섰어요.

화성이 최적지

과학자들이 테라포밍을 하기에 최적지로 꼽은 곳은 화성이에요. 다른 태양계 행성에 비해 지구와 환경이 유사하고 거리도 가깝기 때문이에요. 미 항공우주국(NASA)은 이미 2021년 로봇 탐사차 퍼시비런스를 화성에 보내 암석과 흙 표본을 수집하고 있어요. 중국도 2021년에 화성 탐사선 톈원 1호를 화성에 착륙시키며 화성 탐사에 속도를 내고 있고요. 또 테슬라의 최고경영자 일론 머스크는 화성에 지구인 이주촌을 만들겠다는 목표로 우주 기업 스페이스X를 설립했어요.

공기와 물, 온도가 테라포밍의 기본 조건

테라포밍의 기본 조건은 공기와 물을 만들고 따뜻한 온도를 유지하는 거예요. 지구와 성분이 같은 공기를 만들어야 생명체가 호흡하는 안정적인 생태계를 이룰 수 있어요. 생명체가 살아가는 데는 물도 있어야 해요. 또 생명체가 살아갈 적정한 온도를 유지하려면 이산화탄소와 같은 온실가스를 만들어서 온실 효과를 일으켜 열을 가둬 놓아야 해요. 중국은 2031년까지 화성의 표본을 회수한다는 목표를 세웠어요. 화성의 표본을 받게 되면 화성의 테라포밍은 빨라질 거예요.

핵심 단어 찾기 빈칸에 들어갈 알맞은 단어를 찾아 ✓ 표 하세요.

- 지구가 아닌 다른 행성이나 위성을 지구의 환경과 비슷하게 꾸미는 일을 (　　)(이)라고 해요.
- 화석 연료를 무분별하게 사용하면서 이산화탄소가 늘어나 뜨거워진 (　　)에 폭염, 홍수 등 이상 기후가 나타나고 있어요.

☐ 테라포밍
☐ 테라코타
☐ 지구
☐ 달의 바다

꼼꼼히 읽기 테라포밍에 대한 설명으로 틀린 것을 고르세요. (　　)

① 테라포밍은 '지구'를 뜻하는 '테라(terra)'와 '형성'을 뜻하는 '포밍(forming)'의 합성어이다.
② 과학자들이 테라포밍 최적지로 꼽은 곳은 화성이다.
③ 일론 머스크는 금성에 지구인 이주촌을 만들겠다는 목표로 우주 기업 스페이스X를 설립했다.

어휘 익히기 다음 초성 힌트와 설명을 보고 해당하는 어휘를 적어 보세요.

- ㅎ ㅅ ㅇ ㄹ　　　지질 시대에 생물이 땅속에 묻혀 화석같이 굳어져 오늘날 연료로 이용하는 물질. 석탄, 석유 등이 있다.

- ㅎ ㅅ　　　타원 궤도를 그리며 중심 별의 주위를 도는 천체. 태양계에는 수성, 금성, 지구, 화성, 목성, 토성, 천왕성, 해왕성이 있다.

- ㅎ ㅅ　　　도로 거두어들임.

요약 정리하기 괄호 안에 알맞은 말을 넣어 기사를 요약해 보세요.

(　　　　　　)의 기본 조건은 공기와 물을 만들고 따뜻한 온도를 유지하는 거예요. 지구와 성분이 같은 공기와 물이 있어야 안정적인 생태계를 이룰 수 있고, 생명체가 살 수 있는 적정한 온도가 유지되어야 해요.

생각 곱씹기 화성 테라포밍이 성공한다면 화성으로 이주하고 싶은가요? 이유와 함께 적어 보세요.

혈액은 붉은데 혈관은 파란 이유

> **미리 보기 사전**
>
> **혈관**
> 혈액이 흐르는 관을 말해요. 크게 동맥, 정맥, 모세 혈관으로 나뉘어요.

혈액은 온몸을 돌며 산소와 영양분을 공급하고 노폐물을 운반해요. 혈액을 뽑아서 검사하면 내 몸의 건강 상태를 알 수 있어요. 그런데 조금 이상한 점이 있어요. 혈액을 뽑아 보면 붉은색인데, 왜 혈관은 파란색으로 보일까요?

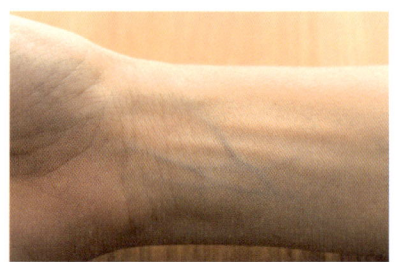

헤모글로빈의 철 성분이 산소와 결합해 붉은색 띠어

혈관은 동맥과 정맥, 모세 혈관으로 나뉘어요. 동맥은 심장에서 나온 혈액이 지나는 혈관이에요. 산소와 영양분이 든 혈액을 몸속 여러 기관에 전달해요. 정맥은 이산화탄소와 노폐물을 실은 혈액이 다시 심장으로 되돌아가는 혈관이에요. 모세 혈관은 동맥과 정맥을 연결하며 몸 전체에 퍼져 있고요. 혈액이 붉은색으로 보이는 것은 적혈구에 함유된 헤모글로빈의 철 성분이 산소와 결합해 붉은색을 띠기 때문이에요.

피부 아래 보이는 혈관은 대부분 정맥

우리 몸에 있는 혈관의 전체 길이는 약 10만km예요. 지구를 두 바퀴 반 돌 수 있는 길이이죠. 혈관 중 정맥은 피부와 가까운 곳에 있어요. 피부 아래 파랗게 보이는 혈관은 대부분 정맥이에요. 헤모글로빈이 여러 신체 기관에 산소를 운반하고 나면 혈액은 검붉은색으로 변해요. 이 검붉은 혈액이 정맥을 타고 심장으로 돌아갈 때 피부 색깔과 겹쳐지면서 파랗게 보이는 거랍니다.

핵심 단어 찾기 빈칸에 들어갈 알맞은 단어를 찾아 ✓ 표 하세요.

- ( )은 크게 동맥, 정맥, 모세 혈관으로 나뉘어요.
- 혈액은 온몸을 돌며 ( )와 영양분을 공급하고 노폐물을 운반해요.

☐ 혈관
☐ 혈액
☐ 산소
☐ 질소

꼼꼼히 읽기 혈액과 혈관에 대한 설명으로 틀린 것을 고르세요. ( )

① 동맥은 심장에서 나온 혈액이 지나는 혈관이다.
② 동맥은 산소와 영양분이 든 혈액을 몸속 여러 기관에 전달한다.
③ 피부 아래 파랗게 보이는 혈관은 대부분 동맥이다.

어휘 익히기 다음 초성 힌트와 설명을 보고 해당하는 어휘를 적어 보세요.

- ㄴㅍㅁ   생체 내에서 생성된 대사산물 중 생체에서 필요 없는 것.
- ㅈㅎㄱ   혈액 속에 들어 있는 붉은색 고형 성분.
- ㅎㅁ   물질이 어떤 성분을 포함하고 있음.

요약 정리하기 괄호 안에 알맞은 말을 넣어 기사를 요약해 보세요.

여러 신체 기관에 산소를 운반하고 나면 혈액은 검붉은색으로 변해요. 이 검붉은 혈액이 ( )을 타고 심장으로 돌아갈 때 피부 색깔과 겹쳐지면서 파랗게 보여요.

생각 곱씹기 적혈구 속 헤모글로빈이 산소를 운반하지 않으면 우리 몸은 어떻게 될까요? 예측해 적어 보세요.

_____

_____

31년 만에 동해안 지진해일 발생

> **미리보기사전**
> **지진해일**
> 지진이나 화산 폭발로 발생하는 해일을 말하며 일본어로 쓰나미라고 해요.

2024년 1월 1일 일본 서부 이시카와현에서 발생한 규모 7.6 강진의 영향으로 우리나라 동해안에서 지진해일이 발생했어요. 동해안에서 지진해일이 발생한 것은 31년 만인데, 이제 우리나라도 지진해일에서 안전하지 않은 걸까요?

2011년 동일본 대지진 후 일본의 첫 대형 쓰나미 경보

1월 1일 강진이 일어나자 일본 기상청은 이시카와현에 최고 높이 5m 지진해일이 발생할 수 있다며 '대형 쓰나미 경보'를 발령했어요. 대형 쓰나미 경보는 2011년 3월 동일본 대지진 이후 처음이었어요. 다행히 관측된 지진해일의 높이는 예상보다 낮은 1.2m 정도였어요. 그런데 일본에서 지진이 발생하고 1시간 51분 만에 우리 동해안에서도 지진해일이 감지되었어요. 지진해일의 최고 높이는 동해안 묵호에서 관측된 85cm였어요. 지진해일은 해수면이 급격하게 상승 또는 하강하며 발생하는 매우 긴 파도예요. 해안가에 도달하면 파도가 높게 솟아오르면서 육지로 넘쳐 들어와 해안 지역을 망가뜨려요.

해저 지진과 해저 화산 분화가 원인

지진해일이 발생하는 가장 주된 원인은 해저 지진이에요. 해저 지진이 발생해 해저면이 상승하거나 하강하면 바로 위 해수면이 상승하면서 지진해일을 일으켜요. 또 해저에서 화산이 분화할 때도 지진해일이 발생해요. 동해안은 방파제를 넘을 정도로 너울이 밀려오는 곳이어서 만조 때 지진해일까지 오면 매우 위험할 수 있어요. 정부는 2024년 하반기에 정부 합동으로 지진해일 대응훈련을 실시하기로 했어요.

핵심 단어 찾기 빈칸에 들어갈 알맞은 단어를 찾아 ☑ 표 하세요.

- 지진이나 화산 폭발로 발생하는 해일을 (　　)이라고 해요. 쓰나미라고도 하지요.

- 2024년 1월 1일 일본 서부 이시카와현에서 발생한 규모 7.6 강진의 영향으로 우리나라 (　　)에서 31년 만에 지진해일이 발생했어요.

☐ 폭풍해일
☐ 지진해일
☐ 남해안
☐ 동해안

꼼꼼히 읽기 지진해일에 대한 설명으로 틀린 것을 고르세요. (　　)

① 동해안 지진해일은 31년 만인데, 동해시 묵호에서는 최대 높이 85cm까지 관측됐다.
② 2024년 1월 1일 강진이 일어나자 일본 기상청은 '대형 쓰나미 경보'를 발령했다.
③ 동해안에서 감지된 지진해일의 최고 높이는 묵호에서 관측된 1.2m였다.

어휘 익히기 다음 초성 힌트와 설명을 보고 해당하는 어휘를 적어 보세요.

- ㄱㅈ　　강한 지진.
- ㅎㅈ　　바다의 밑바닥.
- ㅁㅈ　　밀물이 가장 높은 해면까지 들어오는 현상. 또는 그런 때.

요약 정리하기 괄호 안에 알맞은 말을 넣어 기사를 요약해 보세요.

지진해일의 발생 원인은 (　　　　)과 (　　　　)예요. 동해안은 방파제를 넘을 정도로 너울이 밀려오는 곳이에요. 만조 때 지진해일까지 오면 매우 위험할 수 있어요.

생각 곱씹기 지진해일이 일어나면 해안가 사람들은 어디로 대피하면 좋을지 적어 보세요.

_____
_____

저는 소행성을 탐사 중입니다

오시리스-렉스

소행성 연구용 우주 탐사선이에요. 주요 임무는 베누에서 표본을 채취해 가져오는 것이죠. 베누는 지름 500m에 불과한 작은 탄소질 소행성인데, 435일에 한 번 태양을 공전해요.

2016년 9월 8일 미국 케이프 커내버럴 우주 센터에서 발사된 소행성 탐사선 오시리스-렉스는 지구에서 3억 2,000만km 떨어진 소행성 베누로 날아갔어요. 2020년 10월 베누에서 토양 샘플을 채취한 오시리스-렉스는 2021년 5월 지구로 출발했어요. 오시리스-렉스는 무사히 돌아왔을까요?

오시리스-렉스가 소행성 베누의 토양 샘플을 채취하는 상상도.

지구에 착륙하지 않고 다시 떠난 오시리스-렉스

오시리스-렉스는 7년이라는 긴 우주여행을 마치고 2023년 9월 24일 지구 상공에 도착해 베누에서 가져온 토양 샘플 캡슐을 지구로 투하한 뒤 착륙하지 않고 다른 소행성 아포시스를 탐사하려고 다시 떠났어요. 미 항공우주국은 미국 유타 주의 사막에서 캡슐을 수거해 베누의 토양 샘플을 분석했고, 생명체의 핵심 구성 요소인 인산염을 확인했다고 발표했어요. 이로써 베누가 물이 풍부한 행성에서 떨어져 나온 조각 중 하나로 추정된다고 밝혔어요.

미국과 일본이 소행성을 탐사하는 이유

우리는 소행성을 연구함으로써 태양계와 행성의 기원을 알 수 있어요. 또 소행성에 묻힌 희귀 자원은 경제적 가치가 매우 클 것으로 예상돼요. 지금까지 소행성에서 샘플을 채취해 지구로 보낸 국가는 일본과 미국뿐이에요. 일본은 2010년에 소행성 이토카와에서, 2020년 소행성 류구에서 샘플을 가져왔어요. 미국은 베누의 샘플을 가져온 데 이어 소행성 프시케를 탐사하려고 탐사선을 발사했어요. 지구의 자원이 부족해지고 있으니 소행성 탐사는 더욱 활발해질 전망이에요.

핵심 단어 찾기 빈칸에 들어갈 알맞은 단어를 찾아 ☑ 표 하세요.

- (　　) 는 소행성 연구용 우주 탐사선이에요.

- (　　) 는 지름 500m에 불과한 작은 탄소질 소행성이며, 435일에 한 번 태양을 공전해요.

☐ 오시리스-렉스
☐ 베누
☐ 프시케
☐ 베누

꼼꼼히 읽기 오시리스-렉스에 대한 설명으로 틀린 것을 고르세요. (　　)

① 오시리스-렉스의 주요 임무는 소행성 프시케에서 표본을 채취해 지구로 가져오는 것이다.
② 2016년 9월 오시리스-렉스는 지구에서 3억 2,000만km 떨어진 소행성 베누로 날아갔다.
③ 오시리스-렉스는 7년이라는 긴 우주여행을 마치고 2023년 9월 24일 지구 상공에 도착했다.

어휘 익히기 다음 초성 힌트와 설명을 보고 해당하는 어휘를 적어 보세요.

- ㅅㅎㅅ　　화성과 목성 사이의 궤도에서 태양의 둘레를 공전하는 작은 행성.

- ㄱㅈ　　한 천체가 다른 천체의 둘레를 주기적으로 도는 일.

- ㅋㅅ　　우주 비행체의 기밀 용기.

요약 정리하기 괄호 안에 알맞은 말을 넣어 기사를 요약해 보세요.

지금까지 (　　　　) 에서 샘플을 채취해 지구로 보낸 국가는 일본과 미국뿐이에요. 지구의 자원이 부족해지고 있으니 (　　　　) 탐사는 더욱 활발해질 전망이에요.

생각 곱씹기 우리나라도 소행성에 탐사선을 보내야 할까요? 찬성, 반대 의견 중 하나를 선택해 이유와 함께 적어 보세요.

세계에서 가장 오래된 미라의 변신

미리보기사전

미라(Mirra / Mummy)
썩지 않고 건조되어 원래 상태에 가까운 모습으로 남아 있는 인간이나 동물의 사체를 말해요. 건조한 지역에서 발견되는 천연 미라와 방부제를 사용해 만든 인공 미라가 있어요.

기존 연구에 따른 외치의 모습.

세계에서 가장 오래된 미라는 1991년에 이탈리아령 알프스산맥의 빙하 지대인 외츠탈에서 발견되어 '외치'라고 불러요. 2012년 과학자들이 외치의 DNA를 토대로 외모를 복원해 화제였는데요, 2023년에 기존과 다른 새 외모를 복원했다고 해요.

외치는 키 160cm, 몸무게 50kg인 45세 남성

처음 미라를 발견했을 때는 다리를 헛디뎌 죽은 등산객의 시신인 줄 알았대요. 그런데 조사해 보니 5,300년 전, 즉 신석기에서 청동기 시대로 이어지던 시대의 남자로 밝혀졌어요. 외치는 45세 나이에 키 160cm, 몸무게 50kg으로 추정됐어요. 죽기 전 마지막 식사로 밀과 고사리, 염소와 붉은사슴 스테이크를 먹은 것까지 알아냈지요. 또 등에 화살촉이 박혀 있어 누군가가 쏜 화살에 치명상을 입고 쓰러져 숨진 것으로 추정됐어요.

DNA 분석 기술로 외모가 달라진 외치

2012년에 과학자들은 외치의 엉덩뼈에서 추출한 DNA를 분석해 동유럽계 유럽 민족임을 밝혀냈고 이를 바탕으로 외치의 모습을 복원했어요. 그런데 독일 막스 플랑크 진화인류학연구소가 더 발전한 기술로 외치의 DNA를 다시 분석한 결과, 외치가 지금의 튀르키예 지역에서 유럽으로 건너간 농민 집단의 후손이라고 2023년 발표했어요. 이에 따라 외치의 외모도 전보다 피부색이 어둡고 머리카락이 거의 없는 모습으로 다시 복원됐어요. 앞으로 기술이 더 발전하면 외치의 외모는 지금보다 더 상세하게 드러날 거예요.

새로운 연구에 따른 외치의 모습.
ⓒMax Planck Institute for Evolutionary Anthropology

핵심 단어 찾기 빈칸에 들어갈 알맞은 단어를 찾아 ☑ 표 하세요.

- 썩지 않고 건조되어 원래 상태에 가까운 모습으로 남아 있는 인간이나 동물의 사체를 (　)라고 해요.
- 세계에서 가장 오래된 미라는 1991년에 이탈리아령 (　)산맥에서 발견되었어요.

☐ 사자
☐ 미라
☐ 알프스
☐ 히말라야

꼼꼼히 읽기 외치에 대한 설명으로 틀린 것을 고르세요. (　)

① 이탈리아령 알프스산맥의 빙하 지대인 외츠탈에서 발견되어 '외치'라고 부른다.
② 2012년 과학자들이 외치의 DNA를 토대로 외모를 복원했다.
③ 외치는 굶어 죽은 것으로 밝혀졌다.

어휘 익히기 다음 초성 힌트와 설명을 보고 해당하는 어휘를 적어 보세요.

- ㅇㅁ　　　겉으로 드러나 보이는 모양.
- ㅂㅂㅈ　　미생물의 활동을 막아 물건이 썩지 않게 하는 약.
- ㅊㅁㅅ　　목숨이 위험할 정도로 큰 상처.

요약 정리하기 괄호 안에 알맞은 말을 넣어 기사를 요약해 보세요.

독일 막스플랑크 진화인류학연구소가 발전한 DNA 분석 기술로 (　)의 DNA를 다시 분석함에 따라 (　)의 외모도 전보다 피부색이 어둡고 머리카락이 거의 없는 모습으로 복원됐어요.

생각 곱씹기 우리나라 위인 중에 미라로라도 만나고 싶은 인물이 있나요? 이유와 함께 적어 보세요.

세계 최초 나무 인공위성의 등장!

> **미리보기 사전**
>
> **인공위성**
> 지구 등 행성 둘레를 돌도록 로켓을 이용하여 쏘아 올린 인공 장치예요. 목적과 용도에 따라 과학 위성, 통신 위성, 군사 위성, 기상 위성 등으로 분류해요.

2024년 2월 영국 일간지 〈가디언〉은 일본 과학자들이 역사상 가장 특이한 위성인 목조 위성 발사를 앞두고 마무리 작업을 하고 있다고 보도했어요. 나무로 만든 이 위성의 이름은 '리그노샛(LignoSat)'이며 2024년 여름에 발사될 예정이에요. 과연 리그노샛은 인공위성의 역할을 성공적으로 수행할 수 있을까요?

머그잔 크기 초소형 위성, 리그노샛

일본 우주항공연구개발기구(JAXA)와 미국 항공우주국(NASA)이 합작해 만든 세계 최초의 목조 위성 리그노샛은 머그잔 크기 초소형 위성이에요. 가로, 세로, 높이가 각각 10cm이고, 무게는 330g 정도이며, 목련으로 만들었어요. 연구진은 2022년 3월부터 10개월 동안 국제우주정거장의 실험 모듈에서 목련, 산벚나무, 자작나무를 대상으로 우주 노출 실험을 진행했어요. 어떤 나무가 극한 상황에서도 잘 견딜 수 있는지를 알아본 거예요. 그 결과 목련이 가장 우수하다고 나왔어요.

우주 쓰레기를 남기지 않는 목조 위성

지구 궤도에는 부서진 우주선 파편, 미작동 인공위성 등 우주 쓰레기가 떠다니고 있어요. 유럽우주국(ESA)에서는 현재 지구 주변 우주 쓰레기가 약 1억 7,000만 개라고 추산했어요. 인공위성 수가 기하급수적으로 늘면서 우주 쓰레기도 많아진 거예요. 이런 상황에서 목조 위성의 등장은 반가운 소식이에요. 목조 위성은 임무를 마치고 지구 대기권으로 재진입하면서 소각되어 우주 쓰레기를 남기지 않거든요.

핵심 단어 찾기 빈칸에 들어갈 알맞은 단어를 찾아 ✓ 표 하세요.

- 지구 등 행성 둘레를 돌도록 로켓을 이용해 쏘아 올린 인공 장치를 (   )이 라고 해요.
- 영국 일간지 <가디언>은 일본 과학자들이 (   ) 발사를 앞두고 마무리 작업을 하고 있다고 보도했어요.

☐ 인공위성
☐ 인조인간
☐ 목조 위성
☐ 철제 위성

꼼꼼히 읽기 목조 위성에 대한 설명으로 틀린 것을 고르세요. (   )

① 목조 위성의 이름은 '리그노샛(LignoSat)'이며 2024년 여름에 발사될 예정이다.
② 리그노샛은 자작나무로 만들었다.
③ 일본 우주항공연구개발기구(JAXA)와 미국 항공우주국(NASA)이 합작해 만들었다.

어휘 익히기 다음 초성 힌트와 설명을 보고 해당하는 어휘를 적어 보세요.

- ㅁㅈ   나무로 물건을 만듦. 또는 그 물건.
- ㄱㅎㄱㅅㅈ   증가하는 수나 양이 아주 많은.
- ㅅㄱ   불에 태워 없애 버림.

요약 정리하기 괄호 안에 알맞은 말을 넣어 기사를 요약해 보세요.

유럽우주국(ESA)에서는 현재 지구 주변 (   )를 약 1억 7,000만 개로 추산했어요. 이런 상황에서 목조 위성의 등장은 반가운 소식이에요. 목조 위성은 임무를 마치고 지구 대기권으로 재진입하면서 소각되어 (   )를 남기지 않거든요.

생각 곱씹기 지구 주위의 우주 쓰레기 문제를 해결하려면 전 세계는 어떤 약속을 해야 할까요?

특명! 천연 수소를 찾아라

> **미리보기사전**
>
> **천연 수소**
> 수소는 가장 가벼운 기체 원소이며, 빛깔과 냄새가 없고 불에 타기 쉬워요. 친환경 에너지원으로 각광받는 천연 수소는 석유와 석탄처럼 자연에서 채취한 수소를 말해요.

수소를 연료로 사용해 에너지를 얻는 수소연료전지는 이산화탄소 같은 온실가스를 배출하지 않아요. 그래서 수소는 화석 연료를 대체할 친환경 에너지원으로 불리죠. 최근 천연 수소를 얻으려고 여러 나라에서 탐사를 벌이고 있어요.

생산되는 수소보다 10배나 많은 탄소를 배출하는 그레이 수소

현재 생산되는 수소의 약 96%는 화석 연료에서 수소를 생산하는 이른바 '그레이(grey) 수소'예요. 천연가스의 주성분인 메탄과 고온 수증기를 반응시켜 수소를 만들어 내는데, 그 과정에서 생산되는 수소보다 10배나 많은 이산화탄소를 배출해요. 태양광과 풍력 같은 재생에너지로 얻는 수소를 '그린(green) 수소'라고 해요. 탄소를 배출하지 않는 친환경적 방식이지만 생산 비용이 그레이 수소의 두 배가 넘어요.

역대 최대 천연 수소 발견

그래서 세계 각국에서는 땅속에 묻힌 천연 수소를 찾으려고 탐사를 벌이고 있어요. 최근 유럽 대륙 알바니아의 크롬 광산 지역에서 천연 수소가 발견되었는데, 역대 최대 규모예요. 연구진이 계산해 보니 이 광산에서 흘러나오는 천연 수소는 연간 200톤이고, 지금까지 보고된 천연 수소 방출량 가운데 가장 많아요. 현재 미국과 호주, 프랑스 등에서 천연 수소 시추를 진행하고 있어요. 매장된 천연 수소가 세계 곳곳에서 확인된다면 인류는 화석 연료를 대체할 친환경 에너지원을 값싸게 얻을 수 있어요.

핵심 단어 찾기 빈칸에 들어갈 알맞은 단어를 찾아 ☑ 표 하세요.

- 가장 가벼운 기체 원소인 (　　)는 빛깔과 냄새가 없고 불에 타기 쉬워요.
- (　　)는 석유와 석탄처럼 자연에서 채취한 수소를 말해요.

☐ 탄소
☐ 수소
☐ 천연 수소
☐ 그레이 수소

꼼꼼히 읽기 수소에 대한 설명으로 틀린 것을 고르세요. (　　)

① 현재 생산되는 수소의 약 96%는 화석 연료에서 수소를 생산하는 그레이 수소이다.
② 그린 수소의 생산 비용은 그레이 수소의 절반이다.
③ 알바니아 크롬 광산에서 역대 최대 규모의 천연 수소가 발견되었다.

어휘 익히기 다음 초성 힌트와 설명을 보고 해당하는 어휘를 적어 보세요.

- ㅂㅊ　안에서 밖으로 밀어 내보냄.
- ㅍㄹ　동력으로서 바람의 힘.
- ㅅㅊ　지하자원을 탐사하거나 지층의 구조나 상태를 조사하려고 땅속 깊이 구멍을 파는 일.

요약 정리하기 괄호 안에 알맞은 말을 넣어 기사를 요약해 보세요.

현재 미국과 호주, 프랑스 등에서 (　　　　) 시추를 진행하고 있어요. 매장된 (　　　　)가 세계 곳곳에서 확인된다면 인류는 화석 연료를 대체할 친환경 에너지원을 값싸게 얻을 수 있어요.

생각 곱씹기 에너지원을 찾는 일은 굉장히 어렵고 시간이 많이 걸려요. 이렇게 소중한 에너지를 절약하는 방법을 한 가지 적어 보세요.

_____

_____

AI, 어디까지 갈 거니?

> **미리보기사전**
> **소라(Sora)**
> 텍스트 기반으로 동영상을 만들어 주는 인공지능(AI) 서비스예요. 챗GPT 개발사인 오픈AI가 만들어 공개했어요.

2024년 2월 오픈AI가 새 인공지능 서비스인 '소라'를 공개했어요. 소라는 텍스트를 최대 1분 분량 영상으로 구현하는 서비스예요. 사용자가 "검은색 가죽 재킷, 빨간색 긴 드레스, 검은색 부츠를 신은 멋진 여성이 네온 간판으로 가득한 일본 도쿄 거리를 자신감 있고 자연스럽게 걷는다."라고 입력한 텍스트를 소라가 영상으로 구현해 낸 것이 바로 위 이미지예요.

ⓒ오픈AI

실제 촬영한 듯 뛰어난 영상 구현

오픈AI는 소라로 생성한 동영상 48개를 자사 홈페이지에 선보였어요. 실제 촬영한 영상이라고 해도 손색없을 정도로 품질이 뛰어났지요. 오픈AI는 "소라를 사용하면 여러 캐릭터와 특정 유형의 동작, 복잡한 장면 등 최대 1분 길이 영상을 빠르게 제작할 수 있다."라고 밝혔어요. 소라는 일단 창작자의 수를 제한해 사용을 허용했어요. 오픈AI는 "소라가 폭력적, 성적, 혐오스러운 이미지를 배제하고, 유명인의 초상을 사용하라는 요청도 거부하게 할 것"이라고 강조했어요.

딥페이크 우려

소라가 공개되자 충격적이란 반응과 함께 '딥페이크'(AI로 만든 가짜 영상) 악용 우려가 나왔어요. 이 정도 기술이면 학습할 데이터가 많은 유명인이나 정치인의 가짜 영상을 정교하게 만들 수 있기 때문이에요. 또 소라가 등장함으로써 영상이나 광고를 제작하는 업체들이 경쟁력을 잃을 거라는 예상도 나왔어요.

핵심 단어 찾기 빈칸에 들어갈 알맞은 단어를 찾아 ✓ 표 하세요.

- 텍스트 기반으로 동영상을 만들어 주는 인공지능(AI) 서비스의 이름은 (　　)예요.

- 소라는 챗GPT 개발사인 (　　)가 만들어 공개했어요.

☐ 챗GPT
☐ 소라
☐ 오픈AI
☐ 마이크로소프트

꼼꼼히 읽기 소라에 대한 설명으로 틀린 것을 고르세요. (　　)

① 소라는 텍스트를 최대 1분 분량 영상으로 구현하는 서비스이다.
② 소라가 생성한 영상은 품질이 뛰어났다.
③ 소라는 공개와 동시에 모든 사람이 사용할 수 있게 허용됐다.

어휘 익히기 다음 초성 힌트와 설명을 보고 해당하는 어휘를 적어 보세요.

- ㄱㅎ　　　어떤 내용이 구체적인 사실로 나타나게 함.

- ㅌㅅㅌ　　문장이 모여서 이루어진 한 덩어리의 글.

- ㄷㅍㅇㅋ　인공지능 기술을 활용해 기존 인물의 얼굴이나 특정 부위를 합성한 영상 편집물.

요약 정리하기 괄호 안에 알맞은 말을 넣어 기사를 요약해 보세요.

소라가 공개되자 충격적이란 반응과 함께 (　　　　) 악용 우려가 나왔어요. 이 정도 기술이면 학습할 데이터가 많은 유명인이나 정치인의 가짜 영상을 정교하게 만들 수 있기 때문이에요.

생각 곱씹기 내가 창작자라면 어떤 영상을 만들지 생각해 보고, 소라에 입력할 텍스트를 적어 보세요.

하늘에서 인공위성이 떨어진다면

> **미리보기사전**
>
> **대기권**
> 지구를 둘러싼 대기의 층을 말해요. 지상 약 1,000km까지를 이르며, 온도 분포에 따라 밑에서부터 대류권, 성층권, 중간권, 열권으로 나눕니다.

2024년 2월 유럽우주국(ESA)의 관측 위성인 ERS-2가 지구로 추락하기 시작했어요. 그러자 지구촌 곳곳에서 ERS-2의 잔해가 떨어질 것을 우려해 서둘러 추락 경로를 예상했어요.

북태평양 상공에서 대기권에 진입

유럽우주국은 ERS-2가 알래스카와 하와이 사이의 북태평양 상공에서 대기권에 진입했다고 밝혔어요. ERS-2는 추락 당시 무게가 2,294kg이었어요. ERS-2는 대기권을 통과하며 대부분 불탔고 잔해는 바다로 떨어진 것으로 추정돼요. 1995년에 발사한 인공위성 ERS-2는 지구 지표면과 해양, 극지방 데이터를 수집하고 지진과 홍수 등 자연재해를 관측하는 역할을 해 왔어요. 발사 당시에는 유럽에서 개발된 가장 정교한 지구 관측 우주선이라는 평가를 들었어요. ERS-2가 수집한 데이터는 지금도 사용되고 있답니다.

임무 다한 인공위성은 대기권에 재진입시켜 폐기해야

ERS-2는 2011년 9월에 임무를 종료하고, 연료가 떨어진 상태에서 지구 궤도를 돌고 있었어요. 그러다 다른 인공위성이 많아지면서 충돌 가능성이 높아지자 유럽우주국은 원격 조종하여 추락시키기로 결정했어요. 현재 지구 궤도에는 인공위성이 수천 개 있어요. 전문가들은 임무를 다한 인공위성을 대기권으로 재진입시켜 폐기해야 한다고 이야기해요. 대기권은 우주에서 들어오는 물질을 불태워 지구 표면에 영향을 최소화하는 기능을 갖고 있어요.

2024년 초 다른 위성에 탑재된 카메라로 포착한 ERS-2.

핵심 단어 찾기 빈칸에 들어갈 알맞은 단어를 찾아 ☑ 표 하세요.

- 지구를 둘러싼 대기의 층을 (　　)이라고 해요.
- 유럽우주국의 관측 위성인 ERS-2가 지구로 (　　)하기 시작하자 지구촌 곳곳에서 (　　) 경로를 예상했어요.

☐ 선거권
☐ 대기권
☐ 추락
☐ 상승

꼼꼼히 읽기 ERS-2에 대한 설명으로 틀린 것을 고르세요. (　　)

① 1995년에 발사되어 지구 지표면과 해양, 극지방 데이터를 수집하고 지진과 홍수 등 자연재해를 관측하는 역할을 해 왔다.
② 2011년 9월에 임무를 종료하고, 연료가 떨어진 상태에서 지구 궤도를 돌고 있었다.
③ 다른 인공위성과 충돌 가능성이 높아지자 유럽우주국은 우주에서 폭파하기로 결정했다.

어휘 익히기 다음 초성 힌트와 설명을 보고 해당하는 어휘를 적어 보세요.

- ㄱㅊㅇㅅ　　가시선, 적외선 등을 사용하여 행성의 표면을 관측하는 인공위성.
- ㅅㄱ　　어떤 지역의 위에 있는 공중.
- ㄱㄷ　　행성, 혜성, 인공위성 등이 중력의 영향을 받아 다른 천체의 둘레를 돌면서 그리는 곡선의 길.

요약 정리하기 괄호 안에 알맞은 말을 넣어 기사를 요약해 보세요.

전문가들은 임무를 다한 인공위성을 (　　　　)으로 재진입시켜 폐기해야 한다고 이야기해요. (　　　　)은 우주에서 들어오는 물질을 불태워 지구 표면의 영향을 최소화해 줘요.

생각 곱씹기 임무를 마치고 지구로 돌아오다가 불타 버린 인공위성 ERS-2에 별명을 붙여 보세요.

민간 달 탐사선, 최초로 달 착륙

> **미리보기사전**
>
> **탐사선**
> 우주 공간에서 지구나 다른 행성을 탐사하려고 쏘아 올린 비행 물체를 뜻해요. 사람이 탑승해서 탐사하는 유인 탐사선과 사람이 타지 않는 무인 탐사선이 있어요.

2024년 2월 민간이 주도해 발사한 달 탐사선이 최초로 달 착륙에 성공했어요. 미국으로서는 1972년 아폴로 17호 이후 52년 만의 달 착륙이기도 해요.

오디세우스의 달 착륙

미국의 우주 기업 인튜이티브 머신스는 자사의 달 탐사선 '오디세우스'가 미 중부 시간 기준 2월 22일 오후 5시 24분에 달 남극 근처의 분화구 '말라퍼트 A' 지점에 착륙했다고 발표했어요. 오디세우스는 2월 15일 미국 플로리다 케이프 커내버럴 우주센터에서 발사되어 7일 만에 달에 도착했어요. 오디세우스에는 미 항공우주국의 관측·탐사 장비 6대가 탑재되어 있어요. 이 장비를 활용해 달 환경을 관측하고 각종 데이터를 수집할 거예요. 지금까지 달 착륙에 성공한 나라는 소련, 미국, 중국, 인도, 일본 등 다섯 나라밖에 없어요.

국가 아닌 민간 기업이 경쟁하는 방식으로

미국은 기존의 국가 주도가 아닌 민간 주도로 달 탐사에 나섰어요. 4개 민간 기업을 선정해 달 탐사 임무를 맡기고 재정을 지원했어요. 4개 기업 중 애스트로보틱이 첫 번째로 달 탐사선 '페레그린'을 발사했다가 실패했고, 두 번째로 인튜이티브 머신스가 오디세우스를 발사해 성공했어요. 미 항공우주국은 자신들이 달 탐사선을 직접 개발하는 것보다 민간 기업이 서로 경쟁하면서 개발하는 방식이 더 저렴하고 빠르게 달을 탐사할 방법이라고 보고 있어요.

ⓒ인튜이티브 머신스

달 탐사선 오디세우스가 달에 착륙하려고 달 궤도에 진입한 모습.

핵심 단어 찾기 빈칸에 들어갈 알맞은 단어를 찾아 ☑ 표 하세요.

- 우주 공간에서 지구나 다른 행성을 탐사하려고 쏘아 올린 비행 물체를 (　　)이라고 해요.

- 2024년 2월 최초로 (　　)이 주도한 달 탐사선이 달 착륙에 성공했어요.

☐ 탐사선
☐ 쇄빙선
☐ 민간
☐ 법원

꼼꼼히 읽기 달 탐사에 대한 설명으로 틀린 것을 고르세요. (　　)

① 오디세우스의 달 착륙은 미국으로서는 1972년 아폴로 17호 이후 52년 만이다.
② 오디세우스는 달 북극 근처의 분화구 '말라퍼트 A' 지점에 착륙했다.
③ 오디세우스는 미국 플로리다 케이프 커내버럴 우주센터에서 발사되어 7일 만에 달에 도착했다.

어휘 익히기 다음 초성 힌트와 설명을 보고 해당하는 어휘를 적어 보세요.

- ㅁㄱ　　관청이나 정부 기관에 속하지 않음.

- ㅊㄹ　　비행기 등이 공중에서 활주로나 판판한 곳에 내림.

- ㅌㅈ　　배, 비행기 등에 물건을 실음.

요약 정리하기 괄호 안에 알맞은 말을 넣어 기사를 요약해 보세요.

미국은 4개 민간 기업을 선정해 (　　　　) 임무를 맡기고 재정을 지원했어요. 미 항공우주국은 자신들이 직접 개발하는 것보다 민간 기업이 서로 경쟁하면서 개발하는 방식이 더 저렴하고 빠른 방법이라고 보고 있어요.

생각 곱씹기 우리나라에서 달 탐사선을 개발한다면 어떤 이름을 붙이면 좋을까요?

_____

_____

모의 화성에서 일 년 살기

미리 보기 사전

화성인
화성에서 거주하게 될 사람이에요. 국어사전에서는 '화성인'을 화성에 살고 있으리라고 믿는 상상의 지적 생물을 가리키지만, 이 글에서는 지구를 떠나 화성에서 살 사람을 말해요.

미 항공우주국은 미래에 인류가 화성에서 거주할 수 있을지 알아보고자 2023년 6월부터 화성 거주 모의실험을 진행 중이에요. 이번에 2차 모의실험에 참가할 4명을 선발한다고 해요.

1년 동안 모의 화성 기지에서 거주

화성 거주 모의실험의 명칭은 '차피(CHAPEA)'예요. 1차 차피는 2023년 6월부터 2024년 7월까지 미국 텍사스주 나사존슨우주센터에 건설된 모의 화성 기지에서 진행 중이에요. 참가자 4명의 직업은 과학자, 건축공학자, 미생물학자, 응급의사예요. 이번에 선발하는 2차 차피 참가자는 2025년 봄부터 1년 동안 또 다른 모의 화성 기지에서 생활하게 돼요. 3D 프린팅 기술로 만든 모의 화성 기지의 전체 면적은 158m²이며, 미래 화성에서 살게 될 우주인의 생활 환경과 매우 비슷하답니다.

30~55세이고 영어에 능통한 비흡연자

1년 동안 차피 참가자는 이곳에서 농작물 재배, 로봇 조작, 모의 우주 유영 등의 임무를 수행해야 해요. 또 장비 고장, 통신 지연, 자원 부족 등 실제 우주에서 겪을 수 있는 돌발 상황도 해결해야 해요. 미 항공우주국은 건강한 30~55세 미국 시민권자로서 비흡연자이고 영어에 능통해야 한다는 지원 조건을 내걸었어요. 또 과학 기술 분야의 석사나 의학 학위가 있어야 지원할 수 있어요.

모의 화성 기지에는 화성의 모습과 흡사하게 붉은 모래가 깔려 있다.

핵심 단어 찾기 빈칸에 들어갈 알맞은 단어를 찾아 ✓ 표 하세요.

- ( )은 화성에서 거주하게 될 사람을 가리켜요.
- 미 항공우주국은 미래에 인류가 화성에서 거주할 수 있을지 알아보고자 2023년 6월부터 ( ) 모의실험을 진행 중이에요.

☐ 화성인
☐ 지구인
☐ 화성 거주
☐ 화성 탈출

꼼꼼히 읽기 차피에 대한 설명으로 틀린 것을 고르세요. ( )

① 1차 차피는 2023년 6월부터 2024년 7월까지 미국 텍사스주 나사존슨우주센터에 건설된 모의 화성 기지에서 진행 중이다.
② 1차 차피에 참여한 4명의 직업은 과학자, 건축공학자, 미생물학자, 응급의사이다.
③ 2차 차피는 2025년 봄부터 1년 동안 실제로 화성에서 진행될 예정이다.

어휘 익히기 다음 초성 힌트와 설명을 보고 해당하는 어휘를 적어 보세요.

- ㅁㅇ   실제의 것을 흉내 내어 그대로 해 봄.
- ㅇㅇ   이리저리 떠돌아다니는 일.
- ㄴㅌ   사물의 이치에 훤히 통달함.

요약 정리하기 괄호 안에 알맞은 말을 넣어 기사를 요약해 보세요.

( ) 참가자는 1년 동안 농작물 재배, 로봇 조작, 모의 우주 유영 등의 임무를 수행해야 해요. 또 장비 고장, 통신 지연, 자원 부족 등 실제 우주에서 겪을 수 있는 돌발 상황도 해결해야 해요.

생각 곱씹기 차피에 참가하기 위한 자기소개서를 써 보세요.

_____
_____

어휘 한눈에 보기

과학 기사에 등장한 한자어와 순우리말 어휘를 정리했어요. 한자처럼 보이지만 순우리말인 경우도 있고 순우리말처럼 보이는 말이 한자어인 경우도 있으니 꼼꼼하게 살펴보세요.

 과학 기사에서 눈여겨보면 좋을 한자어

결정
結 맺을 결
晶 밝을 정

원자, 분자 등이 규칙적으로 배열된 형체를 이룸. 또는 그런 물질.

온도
溫 따뜻할 온
度 법도 도

따뜻함과 차가움의 정도. 또는 그것을 나타내는 수치.

유지
維 바 유
持 가질 지

어떤 상태나 상황을 그대로 보존하거나 계속하여 지탱함.

산소
酸 초 산
素 흴 소

공기의 주성분이면서 맛과 빛깔과 냄새가 없는 물질.

조작
操 잡을 조
作 지을 작

기계 등을 일정한 방식에 따라 다루어 움직임.

기지
基 터 기
地 땅 지

군대, 탐험대 등의 활동의 기점이 되는 근거지.

탐사
探 찾을 탐
査 조사할 사

알려지지 않은 사물이나 사실 등을 샅샅이 더듬어 조사함.

충돌
衝 찌를 충
突 부딪칠 돌

서로 맞부딪치거나 맞섬.

기체
氣 기운 기
體 몸 체

물질 상태의 하나. 공기와 같이 일정한 모양과 부피를 갖지 않는다.

관찰
觀 볼 관
察 살필 찰

사물이나 현상을 주의하여 자세히 살펴봄.

분비
分 나눌 분
泌 졸졸 흐를 비

샘세포의 작용으로 만든 액즙을 배출관으로 보내는 일.

피곤
疲 피곤할 피
困 괴로울 곤

몸이나 마음이 지쳐 고달픔.

화성
火 불 화
星 별 성

태양에서 넷째로 가까운 행성.

생명체
生 날 생
命 목숨 명
體 몸 체

생명이 있는 물체.

호흡
呼 부를 호
吸 숨 들이쉴 흡

생물이 체내에 산소를 흡수하고 이산화탄소를 몸 밖으로 내보냄.

발사
發 필 발
射 쏠 사

활·총포·로켓이나 광선 등을 쏘는 일.

후손
後 뒤 후
孫 손자 손

자신의 세대에서 여러 세대가 지난 뒤의 자녀를 통틀어 이르는 말.

매장
埋 묻을 매
藏 감출 장

지하자원 등이 땅속에 묻히어 있음.

🔍 과학 기사에서 눈여겨보면 좋을 순우리말

- **빈틈** 비어 있는 사이.
- **맞닿다** 마주 닿다.
- **사이사이** 어떤 장소나 사물, 행위, 사건 등의 중간중간.
- **고스란히** 조금도 변하지 아니하고 그대로 온전한 상태로.
- **뚫리다** 장애물이 헤쳐지다.
- **두께** 두꺼운 정도.
- **무디다** 느끼고 깨닫는 힘이나 표현하는 힘이 부족하고 둔하다.
- **검붉다** 검은빛을 띠면서 붉다.
- **너울** 바다의 크고 사나운 물결.
- **묻히다** 물건이 흙이나 다른 물건 속에 넣어져 보이지 않게 덮이다.
- **견디다** 물건이 외부의 작용을 받으면서도 원래의 상태나 형태를 유지하다.

환경

- 그린란드
- 오색 케이블카
- 탄소 중립
- 메탄
- 자외선 차단제

탄소 중립, 왜 중요해졌을까?

> **미리 보기 사전**
>
> **탄소 중립**
> 탄소 배출량을 줄여 온실가스의 배출량을 0으로 만드는 것을 말해요.

탄소 중립이라는 말, 요즘 자주 듣죠? 최근 여러 기업과 지자체가 수년 후 탄소 중립을 달성하겠다는 계획을 앞다투어 밝히고 있어요. 탄소 중립, 왜 갑자기 중요해졌을까요?

지구 온난화를 일으키는 이산화탄소

대기 중에 온실가스가 지나치게 많아져 온도가 점점 올라가는 현상을 지구 온난화라고 해요. 여기에서 온실가스는 이산화탄소, 이산화질소, 프레온, 오존, 메테인 등의 가스를 말하지만, 이산화탄소의 배출량이 압도적으로 많기에 '온실가스=이산화탄소'로 인식되고 있어요. 지구의 온도가 올라가면 극지방의 빙하가 녹아내려 해수면이 상승하고 섬이나 해안 지역이 물에 잠기게 돼요. 또 대기와 바닷물이 정상적으로 순환하지 못해 이상 기후 현상이 일어나죠. 한마디로 지구 온난화는 사람과 동식물 모두에게 위기 상황을 가져와요.

2년마다 온실가스 배출량과 흡수량 보고해야

지구 온난화를 일으키는 온실가스 배출을 줄이기 위해 매년 유엔기후변화협약 당사국총회가 열려요. 2023년에는 11월 30일에 아랍에미리트에서 열렸는데, 회원국은 석유, 천연가스, 석탄 등 화석 연료 의존에서 벗어나기로 합의했어요. 그래서 2024년부터 2년 주기로 온실가스 배출량과 흡수량 등을 담은 보고서를 유엔에 제출해야 해요. 앞으로 국제 사회는 온실가스 감축 노력이 미흡한 국가를 압박할 거예요. 우리나라는 2020년 기준 온실가스 배출량이 세계 9위였어요.

핵심 단어 찾기 빈칸에 들어갈 알맞은 단어를 찾아 ✓ 표 하세요.

- (   )은 탄소 배출량을 줄여 온실가스의 배출량을 0으로 만드는 것을 말해요.
  - ☐ 탄소 발자국
  - ☑ 탄소 중립

- 대기 중에 온실가스가 지나치게 많아져 온도가 점점 올라가는 현상을 (   )라고 해요.
  - ☐ 지구 온난화
  - ☐ 지구 한랭화

꼼꼼히 읽기 지구 온난화에 대한 설명으로 틀린 것을 고르세요. (   )

① 온실가스는 이산화탄소, 이산화질소, 프레온, 오존, 메테인 등의 가스를 말한다.
② 온실가스 중 이산화질소의 배출량이 압도적으로 많다.
③ 지구의 온도가 올라가면 극지방의 빙하가 녹아내려 해수면이 상승한다.

어휘 익히기 다음 초성 힌트와 설명을 보고 해당하는 어휘를 적어 보세요.

- ㅈㄹ   어느 편에도 치우치지 않고 중간적인 입장에 섬.
- ㄱㅈㅂ   남극과 북극을 중심으로 한 그 주변 지역.
- ㄱㅊ   덜어서 줄임.

요약 정리하기 괄호 안에 알맞은 말을 넣어 기사를 요약해 보세요.

2024년부터 2년 주기로 (   ) 배출량과 흡수량 등을 담은 보고서를 유엔에 제출해야 해요. 우리나라는 2020년 기준 (   ) 배출량이 세계 9위인 나라예요.

생각 곱씹기 생활 속에서 온실가스, 즉 이산화탄소를 줄이는 방법은 무엇일까요?

205

전력 에너지원 1위는 석탄

미리보기 사전

전력거래량
전력 판매 사업자인 한국전력이 발전사업자에게 구매한 전력량을 말해요. 전력거래량을 보면 그 나라의 전력을 만드는 에너지원의 비중을 알 수 있어요.

2024년 1월 한국전력거래소는 우리나라의 2023년 전력거래량을 발표했어요. 전력거래량은 지난 1년간 전력을 만드는 데 어떤 에너지원이 사용되었는지를 알 수 있는 자료예요. 2023년 우리나라에서 전기를 만드는 데 가장 많은 비중을 차지한 에너지원은 무엇일까요?

석탄, 원자력발전, 액화천연가스 순으로 전기 만들어

전력거래량의 에너지원 1위는 바로 석탄이었어요. 전체의 32.9%를 차지한 석탄은 화력발전의 에너지원으로 사용되고 있어요. 2위는 원자력발전, 3위는 액화천연가스(LNG)였어요. 눈에 띄는 것은 2021~2023년 3년 동안 석탄과 액화천연가스는 매년 비중이 감소한 반면에 원자력발전은 매년 증가했다는 점이에요. 전문가들은 2024년에는 원자력발전이 전체 1위로 올라설 것이라고 예상해요.

신재생에너지 중 해상풍력발전에 집중 투자

신재생에너지는 태양광발전, 풍력발전 등 친환경적 방법으로 얻는 에너지인데, 전체 에너지원의 6.2%를 차지했어요. 석탄처럼 환경에 나쁜 영향을 주지 않고, 원자력발전처럼 위험하지도 않아서 정부는 신재생에너지의 비중을 계속 늘리려고 해요. 그런데 신재생에너지는 날씨의 영향을 크게 받아서 흐린 날에는 태양광발전이 멈추고, 바람이 불지 않으면 풍력발전으로 전기를 만들기 어려워요. 그래서 최근에는 해상풍력발전에 집중 투자하고 있어요. 바다는 육지와 달리 바람의 강도가 세고 일정하게 부는 편이기 때문이에요.

핵심 단어 찾기 빈칸에 들어갈 알맞은 단어를 찾아 ☑ 표 하세요.

- ( )은 한국전력이 발전사업자에게 구매한 전력량을 말해요.
  - ☐ 전력거래량
  - ☐ 국내 총생산

- 2023년 전력거래량의 에너지원 1위는 전체의 32.9%를 차지한 ( )이었어요.
  - ☐ 석탄
  - ☐ 원자력

꼼꼼히 읽기 전력거래량에 대한 설명으로 틀린 것을 고르세요. ( )

① 전력거래량의 에너지원 2위는 원자력발전이었다.
② 전력거래량의 에너지원 3위는 액화천연가스(LNG)였다.
③ 2021~2023년 3년 동안 석탄과 액화천연가스는 매년 비중이 증가했다.

어휘 익히기 다음 초성 힌트와 설명을 보고 해당하는 어휘를 적어 보세요.

- ㅈㄹ : 전류가 단위 시간에 하는 일. 또는 단위 시간에 사용되는 에너지의 양. 단위는 와트(W)와 킬로와트(kW)이다.

- ㅇㄴㅈㅇ : 에너지가 생기는 근원.

- ㅎㅅㅍㄹㅂㅈ : 주로 바닷속에 풍력발전기를 설치해 얻는 풍력발전.

요약 정리하기 괄호 안에 알맞은 말을 넣어 기사를 요약해 보세요.

전체 에너지원의 6.2%를 차지한 ( )는 친환경적 방법으로 얻는 에너지를 말해요. 석탄처럼 환경에 나쁜 영향을 주지 않고, 원자력발전처럼 위험하지도 않아서 정부는 ( )의 비중을 계속 늘리려고 해요.

생각 곱씹기 원자력발전을 늘리는 것에 찬성, 반대 중 하나를 골라 이유와 함께 적어 보세요.

설악산에 케이블카가 생겨요

> **미리 보기 사전**
> **생물권보전지역**
> 유네스코가 지정하는 생물 다양성을 보전하고, 지역 사회 발전을 도모하며, 문화 가치를 유지하는 지역을 말해요.

　설악산 국립공원의 오색케이블카 설치 공사가 2024년 4월에 시작되어 2026년이면 이용할 수 있게 돼요. 1982년 강원도가 제안한 오색케이블카 사업은 무려 41년 만인 2023년에 모든 인허가 절차가 마무리되었어요. 그런데도 케이블카를 설치하면 설악산의 환경이 훼손될 거라는 우려는 남아 있어요.

케이블카 설치하면 장애인, 노약자도 설악산 경치 즐겨

　오색케이블카 사업은 남설악이라 불리는 강원도 양양군 서면 오색리에서 끝청(해발 1,430m)까지 3.3km를 잇는 사업이에요. 상하부 정류장 사이에 지주 6개를 세워 케이블을 잇는 구조인데, 케이블카를 타고 15분이면 설악산의 아름다운 경치를 마주할 수 있다고 해요. 케이블카를 설치하면 장애인과 노약자도 손쉽게 설악산의 경치를 감상할 수 있어요. 관광객이 늘어나면 양양, 속초, 고성 등의 지역 경제도 활기를 띠게 될 거예요.

설악산의 환경 파괴 가속화 우려

　설악산은 유네스코 생물권보전지역으로 지정되어 산양 등 멸종 위기 야생동물 13종의 서식지로서 보호 가치가 높은 곳이에요. 환경단체에서는 케이블카를 설치하는 과정에서 산의 지형이 변화되어 야생동물이 보금자리를 잃을 수 있고, 케이블카로 관광객이 늘어나면 설악산 환경 파괴가 더 빨라질 거라고 주장해요. 그러자 강원도와 양양군은 발파 공법을 사용하지 않고 친환경 공법으로 공사를 마무리하겠다고 이야기했어요.

핵심 단어 찾기 빈칸에 들어갈 알맞은 단어를 찾아 ✓ 표 하세요.

- 생물권보전지역은 ( )가 지정해요.

  ☐ 유네스코
  ☐ 경제협력개발기구

- 설악산 국립공원에 ( )를 설치하는 공사가 2024년 4월에 시작돼요.

  ☐ 출렁다리
  ☐ 오색케이블카

꼼꼼히 읽기 오색케이블카에 대한 설명으로 틀린 것을 고르세요. ( )

① 오색케이블카 사업은 강원도 철원군 서면 오색리에서 끝청까지 3.3km를 잇는 사업이다.
② 오색케이블카는 상하부 정류장 사이에 지주 6개를 세워 케이블을 잇는 구조이다.
③ 오색케이블카를 타고 15분이면 설악산의 아름다운 경치를 마주할 수 있다.

어휘 익히기 다음 초성 힌트와 설명을 보고 해당하는 어휘를 적어 보세요.

- ㅈㅊ   어떠한 물건이 쓰러지지 않도록 버티어 괴는 기둥.

- ㅅㅅㅈ   생물이 일정한 곳에 자리를 잡고 사는 곳.

- ㅂㅍ   바위 등에 폭약을 넣고 폭파함.

요약 정리하기 괄호 안에 알맞은 말을 넣어 기사를 요약해 보세요.

설악산은 유네스코 생물권보전지역으로 지정되어 산양 등 ( ) 13종의 서식지로서 보호 가치가 높은 곳이에요.

생각 곱씹기 설악산 케이블카 설치에 찬성, 반대 의견 중 하나를 골라 이유와 함께 적어 보세요.

_____

_____

멸종 위기 코뿔소 살리기 대작전

> **미리보기사전**
>
> **북부흰코뿔소**
> 흰코뿔소는 아프리카 초원에 살며 지금까지 남아 있는 코뿔소 다섯 종 가운데 몸집이 가장 커요. 북부흰코뿔소는 흰코뿔소의 아종이에요. 아종은 종의 바로 아래 단위예요.

지구에 서식하는 북부흰코뿔소 중 마지막으로 남은 수컷이 2018년 고령으로 사망하면서 이제 암컷 두 마리만 남아 멸종을 앞두고 있어요.

암컷 두 마리만 남은 북부흰코뿔소

중앙아프리카와 동아프리카에 살던 북부흰코뿔소는 코뿔소 뿔을 노린 무분별한 수렵 때문에 개체 수가 급격히 줄었어요. 현재 케냐에 모녀 관계인 암컷 두 마리만 생존해 있어 곧 멸종될 상황이에요. 그런데 체외수정으로 북부흰코뿔소를 복원할 수 있는 길이 열렸어요. 마지막 수컷이 사망하기 전에 채취한 정자와 암컷 코뿔소의 난자를 체외수정 해 놓은 인공 배아 30개가 있기 때문이에요.

인공 배아를 이용한 체외수정으로 복원 시도

2024년 1월 연구진은 남부흰코뿔소를 대상으로 체외수정 실험을 해 세계 최초로 코뿔소의 체외수정 임신에 성공했어요. 북부흰코뿔소와 남부흰코뿔소는 사촌 관계라고 할 정도로 유전적으로 비슷해요. 남부흰코뿔소를 대상으로 한 실험이 성공하자 연구진은 수개월 뒤에 북부흰코뿔소의 배아를 남부흰코뿔소 대리모에게 이식할 예정이에요. 현재 살아남은 암컷 북부흰코뿔소 두 마리는 각각 34세, 22세여서 임신을 하기에는 나이가 너무 많아 남부흰코뿔소 대리모를 선택한 거예요. 과연 북부흰코뿔소가 멸종 위기에서 벗어나게 될지 전 세계가 주목하고 있어요.

핵심 단어 찾기 빈칸에 들어갈 알맞은 단어를 찾아 ☑ 표 하세요.

- (　　)는 흰코뿔소의 아종으로서 중앙아프리카와 동아프리카에 살고 있었어요.
- 마지막으로 남은 수컷이 2018년 고령으로 사망하면서 이제 북부흰코뿔소는 암컷 두 마리만 남아 (　　)을 앞두고 있어요.

☐ 북부흰코뿔소
☐ 동부흰코뿔소
☐ 멸종
☐ 수렵

꼼꼼히 읽기 북부흰코뿔소에 대한 설명으로 틀린 것을 고르세요. (　　)

① 북부흰코뿔소는 코뿔소 뿔을 노린 무분별한 수렵 때문에 개체 수가 급격히 줄었다.
② 케냐에 모녀 관계인 암컷 두 마리만 생존해 있어 북부흰코뿔소는 곧 멸종될 상황이다.
③ 연구진은 수개월 뒤에 남부흰코뿔소의 배아를 북부흰코뿔소 대리모에게 이식할 예정이다.

어휘 익히기 다음 초성 힌트와 설명을 보고 해당하는 어휘를 적어 보세요.

- ㅅㄹ　　　　총이나 활, 올가미로 산이나 들의 짐승을 잡는 일.
- ㅊㅇㅅㅈ　　모체 밖에서 암수의 생식 세포가 하나로 합쳐짐.
- ㅂㅇ　　　　단세포인 수정란이 다세포가 되려고 연속적으로 분열하는 과정을 시작한 이후의 개체.

요약 정리하기 괄호 안에 알맞은 말을 넣어 기사를 요약해 보세요.

연구진은 수개월 뒤에 (　　　　　)의 배아를 남부흰코뿔소 대리모에게 이식할 예정이에요. 현재 살아남은 암컷 (　　　　　) 두 마리는 각각 34세, 22세여서 임신을 하기에는 너무 나이가 많아 남부흰코뿔소 대리모를 선택한 거예요.

생각 곱씹기 북부흰코뿔소 등 멸종 위기에 처한 야생동물이 멸종하면 안 되는 이유를 적어 보세요.

슈퍼리치가 지구 온난화의 주범?

> **미리 보기 사전**
>
> **탄소**
> 생물의 몸을 이루는 주요 성분이며, 지구 온난화의 원인이기도 해요. 대기 중에 이산화 탄소의 양이 증가하면 지구 온난화 현상이 심해져요.

　2023년 11월 국제구호개발기구 옥스팜이 발표한 '기후 평등:99%를 위한 지구' 보고서에 흥미로운 사실이 언급됐어요. 2019년 한 해 동안 자산 순위 상위 1%인 '슈퍼리치'가 전 세계 탄소 배출의 16%를 뿜어냈다는 거예요. 부자가 지구 환경을 더 망치고 있다니, 대체 어떤 일인지 알아볼게요.

슈퍼리치 1%가 전체 탄소 배출의 16% 차지

　옥스팜은 2019년을 기준으로 소득 계층별 탄소 배출량을 조사했어요. 그 결과 슈퍼리치라고 불리는 자산 순위 상위 1%가 탄소를 많이 배출해 지구 온난화를 주도하는 것으로 나타났어요. 이들은 일상생활에서 요트나 전용기를 이용하는 것은 물론, 지구 온난화를 일으키는 산업에 투자하고 지분을 보유함으로써 전 세계 탄소 배출량의 16%를 차지하고 있는 거예요. 이는 전체 자동차와 도로 운송에서 배출되는 탄소량보다 많아요.

슈퍼리치에게 부유세를 부과하면

　범위를 조금 더 넓히면 자산 순위 상위 10%가 배출하는 탄소 배출량은 전체 탄소 배출량의 절반에 해당했어요. 옥스팜은 "슈퍼리치가 지구 환경을 파괴해 인류를 더위와 홍수, 가뭄으로 질식시키고 있다."라고 비판했어요. 그러면서 슈퍼리치 1%의 소득에 60% 세율을 적용하면 영국의 총 탄소 배출량보다 더 많은 탄소량을 절감할 수 있다고 제안했어요. 이렇게 걷은 부유세 6조 4,000억 달러를 화석 연료에서 재생에너지로 전환하는 데 사용할 수 있다는 것이죠. 옥스팜에 따르면 기후 위기 해결안은 슈퍼리치가 갖고 있는 것 같죠?

핵심 단어 찾기 빈칸에 들어갈 알맞은 단어를 찾아 ☑ 표 하세요.

- ( )는 생물의 몸을 이루는 주요 성분이며, 지구 온난화의 원인이기도 해요.
- '기후 평등:99%를 위한 지구' 보고서를 보면 2019년에 자산 순위 상위 1%인 ( )가 전 세계 탄소 배출의 16%를 뿜어냈다고 해요.

☐ 탄소
☐ 산소
☐ 슈퍼스타
☐ 슈퍼리치

꼼꼼히 읽기 슈퍼리치의 탄소 배출에 대한 설명으로 틀린 것을 고르세요. ( )

① 슈퍼리치라고 불리는 자산 순위 상위 1%가 탄소를 많이 배출해 지구 온난화를 주도하고 있다.
② 자산 순위 상위 1%는 전 세계 탄소 배출량의 16%를 차지한다.
③ 자산 순위 상위 50%가 배출하는 탄소 배출량은 전체 탄소 배출량의 절반에 해당한다.

어휘 익히기 다음 초성 힌트와 설명을 보고 해당하는 어휘를 적어 보세요.

- ㅂㅈ   재물이 많아 살림이 넉넉한 사람.
- ㅍㄱ   조직, 질서 등을 깨거나 무너뜨림.
- ㅅㅇ   세금을 계산하여 매기는 비율.

요약 정리하기 괄호 안에 알맞은 말을 넣어 기사를 요약해 보세요.

자산 순위 상위 1%가 ( )를 많이 배출해 지구 온난화를 주도하는 것으로 나타났어요. 이들은 요트나 전용기를 이용하는 것은 물론, 지구 온난화를 일으키는 산업에 투자하고 지분을 보유함으로써 전 세계 ( ) 배출량의 16%를 차지하고 있어요.

생각 곱씹기 슈퍼리치에게 60% 세율을 적용하는 것에 찬성, 반대 중 하나를 골라 이유와 함께 적어 보세요.

자외선 차단제가 산호를 공격해요

> **미리보기사전**
>
> **자외선 차단제**
> 자외선에서 피부를 보호하고 햇볕에 그을리는 것을 방지하려고 바르는 크림이에요. 자외선은 세계보건기구(WHO)에서 지정한 1급 발암 물질이며, 피부를 상하게 해요.

2022년 5월 미국 스탠퍼드대학교 연구팀이 국제학술지 〈사이언스〉에 '옥시벤존이 산호초에 끼치는 영향'에 관한 논문을 발표했어요. 연구팀은 자외선 차단제에 들어 있는 옥시벤존이 산호 등 해양 생물에 치명적인 독이 된다고 했어요. 이제 자외선 차단제를 바르지 말아야 할까요?

미생물 갑옷을 벗은 산호는 속수무책

해수욕을 즐기는 사람들에게서 씻겨 나오는 자외선 차단제의 양은 1년에 무려 1만 4,000여 톤에 이른다고 해요. 자외선 차단제는 식물성 플랑크톤이나 해조류, 어류에 심각한 피해를 줘요. 특히 자외선 차단제에 포함된 옥시벤존과 옥티노세이트는 산호의 대사 과정에서 나온 포도당과 만나 독성 감광제로 전환돼요. 평상시에는 산호에 공생하는 미생물이 독성 감광제를 품어 산호를 보호했지만, 바닷물이 따뜻해지면서 산호가 스트레스를 받아 미생물을 몰아내면 독성 감광제가 바로 산호를 공격해 죽게 만들어요.

자외선 차단제 사용을 금지하는 나라들

산호는 해양 생태계의 생물 다양성을 유지해 줘요. 산호를 보호하려고 미국 하와이주와 남태평양의 섬나라 팔라우는 옥시벤존과 옥티노세이트가 포함된 자외선 차단제의 유통과 판매를 금지했어요. 태국, 미국령 버진아일랜드, 멕시코 해양보호구역에서도 이 물질이 포함된 자외선 차단제의 반입과 사용을 금지하고 있어요. 우리나라는 화장품 내 옥시벤존 함량을 5% 이하로 제한하고 있을 뿐 환경 보호를 위한 별도 규정은 없어요.

핵심 단어 찾기 빈칸에 들어갈 알맞은 단어를 찾아 ✓ 표 하세요.

- 자외선 차단제는 (　　)에서 피부를 보호하고 햇볕에 그을리는 것을 방지하려고 바르는 크림이에요.
  - ☐ 적외선
  - ☐ 자외선

- 자외선은 세계보건기구(WHO)에서 지정한 (　　)이며, 피부를 상하게 해요.
  - ☐ 1급 발암 물질
  - ☐ 환경 유해 물질

꼼꼼히 읽기 자외선 차단제에 대한 설명으로 틀린 것을 고르세요. (　　)

① 스탠퍼드대학교 연구팀은 옥시벤존이 산호 등 해양 생물에 치명적인 독이 된다고 했다.
② 해수욕을 즐기는 사람들에게서 씻겨 나오는 자외선 차단제는 1년에 1만 4,000여 톤이다.
③ 바다로 들어간 자외선 차단제는 식물성 플랑크톤이나 해조류, 어류에 피해를 준다.

어휘 익히기 다음 초성 힌트와 설명을 보고 해당하는 어휘를 적어 보세요.

- ㅂㅇ　　　　암이 생김. 또는 암이 생기게 함.

- ㄱㄱㅈ　　　빛이나 방사선의 작용을 받아서 화학적·물리적 변화를 일으키는 화학 물질.

- ㅂㅇ　　　　운반하여 들여옴.

요약 정리하기 괄호 안에 알맞은 말을 넣어 기사를 요약해 보세요.

산호를 보호하려고 미국 하와이주와 남태평양의 섬나라 팔라우는 (　　　　　)과 (　　　　　　　)가 포함된 자외선 차단제의 유통과 판매를 금지했어요.

생각 곱씹기 우리나라도 옥시벤존 등이 포함된 자외선 차단제 사용을 금지해야 할까요?

_____

_____

불타 버린 숲도 회복될까요?

> **미리보기사전**
>
> **산불**
> 산에 난 불을 말해요. 2024년 2월 남아메리카 칠레에서는 대형 산불이 발생해 최소 112명이 사망하고 400여 명이 실종되었어요.

칠레에서 일어난 산불은 많은 사상자가 발생한 대형 자연재해였어요. 불에 탄 면적은 경기도 수원시 크기와 비슷한 110km²에 달했고, 주택 6,000채가 무너져 내렸어요. 이렇게 큰 산불이 휩쓸고 간 지역은 과연 회복될 수 있을까요?

엘니뇨로 남아메리카 곳곳에서 산불 발생

칠레 정부는 산불이 칠레 중부 지역인 발파라이소주 페뉴엘라 호수 보호구역 인근에서 시작되었다고 밝혔어요. 이 지역에 기록적인 고온 현상이 일주일째 계속되던 중 산불이 발생했는데, 건조한 날씨와 강한 바람 때문에 불이 삽시간에 주변으로 번졌어요. 이때는 남아메리카 대륙 전체가 엘니뇨로 뜨겁게 달아올라 산불이 발생하기 쉬운 조건이었어요. 엘니뇨는 태평양 적도 해역의 바다 온도가 2~10℃ 이상 높아지며 발생하는 이상 기후 현상을 말해요.

천이를 거쳐 안정적인 극상까지

우리나라에서는 주로 봄철에 산불이 발생해요. 2023년에만 596건이 발생했지요. 이렇게 산불이 휩쓸고 간 곳은 어떻게 될까요? 불탄 생태계는 오랜 시간에 걸쳐 아주 천천히 복원되는데, 이런 과정을 '천이'라고 해요. 남아 있던 종자가 싹을 틔우며 초원을 이루고, 키가 작은 나무가 자라나 숲을 이루어요. 그 후에는 볕이 잘 드는 곳에서 자라는 나무가 숲을 이루다가 볕이 적어도 자라는 나무로 서서히 교체돼요. 천이 과정을 거쳐 다양한 종이 균형을 이루는 안정된 상태는 '극상'이라고 불러요.

핵심 단어 찾기 빈칸에 들어갈 알맞은 단어를 찾아 ✅ 표 하세요.

- 2024년 2월 남아메리카 칠레에서 대형 (　　)이 발생해 최소 112명이 사망하고 400여 명이 실종되었어요.

  ☐ 산불
  ☐ 가뭄

- 칠레 산불은 (　　) 날씨와 (　　) 바람 때문에 삽시간에 주변으로 번졌어요.

  ☐ 건조한 / 강한
  ☐ 다습한 / 약한

꼼꼼히 읽기 산불에 대한 설명으로 틀린 것을 고르세요. (　　)

① 칠레 산불이 일어난 시기는 엘니뇨로 산불이 발생하기 쉬운 조건이었다.
② 우리나라에서는 주로 겨울철에 산불이 발생한다.
③ 산불이 휩쓸고 간 생태계는 아주 천천히 복원된다.

어휘 익히기 다음 초성 힌트의 설명을 보고 해당하는 어휘를 적어 보세요.

- ㅈㅇㅈㅎ　　태풍, 가뭄, 홍수, 지진 등 피할 수 없는 자연 현상으로 일어나는 재해.
- ㄱㅇㅎㅅ　　온도가 높아지는 현상.
- ㅅㅌㄱ　　어느 환경 안에서 사는 생물군과 그 생물을 제어하는 제반 요인을 포함한 복합 체계.

요약 정리하기 괄호 안에 알맞은 말을 넣어 기사를 요약해 보세요.

불탄 생태계는 오랜 시간에 걸쳐 천천히 복원되는데, 이런 생태계 복원 과정을 (　　)라고 해요. 이 과정을 거쳐 다양한 종이 균형을 이루는 안정된 상태를 (　　)이라고 불러요.

생각 곱씹기 산불을 예방하려면 등산객은 무엇을 조심해야 할까요?

한때는 평화의 상징이었어요

> **미리보기 사전**
> **유해 야생동물**
> 사람의 생명이나 재산에 피해를 주는 야생동물을 말하는데, 정부 부처인 환경부에서 지정해요.

2024년 1월 서울 지하철 2호선 합정역 출입구에 흰머리수리 사진이 붙었어요. 합정역을 관리하는 서울교통공사 직원이 붙였다는데, 그 이유는 무엇일까요?

천적인 흰머리수리 사진 붙여

언론사에서 취재한 결과, 이 사진은 최근 합정역 안으로 비둘기가 자꾸 들어오면서 불편을 느낀다는 민원이 많아지자 붙이게 되었다고 해요. 비둘기가 천적인 흰머리수리 사진을 보고 놀라서 못 들어오게 하는, 일종의 허수아비 효과를 노린 거예요. 사실 비둘기는 이미 2009년에 유해 야생동물로 지정되었어요. 산성이 강한 배설물이 건축물과 구조물을 부식시키고, 배설물과 털이 날려 일상생활에 피해를 주기 때문이에요.

비둘기에 먹이 주면 과태료 부과하는 법

하지만 비둘기 개체 수를 줄이는 일은 쉽지 않았어요. 비둘기는 번식력이 왕성해 1년에 알을 5~10개씩 낳는 데다 비둘기에게 먹이 주는 행위를 금지하는 법적 근거가 없었기 때문이죠. 그런데 2023년 12월에 이른바 '먹이 주기 금지법'이라고 불리는 '야생생물 보호 및 관리에 관한 법률 개정안'이 국회를 통과했어요. 이에 따라 2024년 12월부터는 특정 지역에서 특정 기간에 비둘기에게 먹이를 주면 지자체에서 과태료를 부과할 수 있어요. 환경단체에서는 이 법 때문에 비둘기가 굶어 죽을 거라면서 불임 사료를 줘서 자연스레 개체 수를 줄여야 한다고 주장하고 있어요.

핵심 단어 찾기 빈칸에 들어갈 알맞은 단어를 찾아 ✓ 표 하세요.

- 사람의 생명이나 재산에 피해를 주는 야생동물을 (　　)이라고 해요.
  - ☐ 유기 동물
  - ☐ 유해 야생동물
- 서울 지하철 2호선 합정역 출입구에 있는 흰머리수리 사진은 (　　)를 쫓으려고 합정역을 관리하는 서울교통공사 직원이 붙였어요.
  - ☐ 비둘기
  - ☐ 들개

꼼꼼히 읽기 비둘기에 대한 설명으로 틀린 것을 고르세요. (　　)

① 합정역 출입구에 붙인 흰머리수리 사진은 비둘기를 대상으로 허수아비 효과를 노린 것이다.
② 비둘기는 2009년에 유해 야생동물로 지정되었다.
③ 비둘기는 1년에 알을 1~2개 낳는다.

어휘 익히기 다음 초성 힌트와 설명을 보고 해당하는 어휘를 적어 보세요.

- ㅁㅇ　　　주민이 행정 기관에 원하는 바를 요구하는 일.
- ㄱㅌㄹ　　의무 이행을 태만히 한 사람에게 벌로 물게 하는 돈.
- ㅂㅇ　　　임신하지 못하는 일.

요약 정리하기 괄호 안에 알맞은 말을 넣어 기사를 요약해 보세요.

2024년 12월부터는 특정 지역에서 특정 기간에 (　　　　)에게 먹이를 주면 지자체에서 (　　　　)를 부과할 수 있어요.

생각 곱씹기 비둘기 개체 수를 줄이는 방법으로 먹이 주기 금지와 불임 사료 주기 중 무엇이 더 나을까요?

_____

_____

탄소 배출 많이 하면 세금 내시오!

> **미리 보기 사전**
>
> **탄소국경조정제도**(Carbon Border Adjustment Mechanism)
> 수입 제품의 생산 과정에서 발생한 탄소 배출량에 탄소국경세를 부과하는 제도이며 철강, 알루미늄, 시멘트, 비료, 전력, 수소 등 6대 품목에 적용해요.

철강, 시멘트, 알루미늄 산업은 제품 생산 과정에서 이산화탄소를 많이 배출해요. 생산 과정에서 엄청난 양의 화석 연료를 태워야 하기 때문이에요. 유럽연합은 이러한 제품을 수입할 때 탄소 배출량을 신고하는 제도를 만들었어요. 탄소 배출을 줄여 환경을 보호하자는 의도인데, 누구에게는 불리한 제도일 수도 있다고 해요.

6대 품목은 생산 과정에서 배출한 탄소량 신고

2023년부터 시범 운영 중인 탄소국경조정제도는 6대 품목을 유럽연합으로 수출할 때 제품 생산 과정에서 얼마나 많은 탄소를 배출했는지를 신고하는 제도예요. 탄소를 기준치보다 많이 배출했다면 2026년부터는 탄소국경세를 부과해요. 그래서 유럽연합으로 수출하는 다른 지역 기업에서는 제품 생산 과정부터 탄소 배출량을 최대한 줄여야 해요. 그래야 탄소국경세를 내지 않고 가격 경쟁력을 유지할 수 있으니까요.

탄소국경조정제도는 또 다른 무역 장벽

탄소국경조정제도는 탄소를 적게 배출해 환경을 보호하자는 의도로 만든 훌륭한 제도예요. 하지만 유럽연합이 제시한 탄소 배출 기준에 맞춰야 하니 뛰어난 기술력을 갖춘 나라에만 유리한 제도이기도 해요. 그래서 개발도상국에서는 탄소국경조정제도가 다른 나라의 제품이 유럽연합으로 들어가는 걸 막는 무역 장벽이라고 주장해요. 유럽연합의 선진국들은 그동안 탄소를 마음껏 배출하며 제품을 생산했으면서, 이제 환경을 앞세워 무역 장벽을 만들었다는 거예요.

핵심 단어 찾기 빈칸에 들어갈 알맞은 단어를 찾아 ✅ 표 하세요.

- ( )는 유럽연합이 수입 제품의 생산 과정에서 발생한 탄소 배출량에 탄소국경세를 부과하는 제도예요.
  - ☐ 탄소중립포인트제도
  - ☑ 탄소국경조정제도

- 철강, 시멘트, 알루미늄 산업은 제품 생산 과정에서 ( )를 많이 배출해요.
  - ☐ 이산화탄소
  - ☐ 산소

꼼꼼히 읽기 탄소국경조정제도에 대한 설명으로 틀린 것을 고르세요. ( )

① 탄소국경조정제도는 유럽연합이 수입하는 철강, 알루미늄, 시멘트, 비료 등의 제품에 적용된다.
② 2026년부터는 탄소를 기준치보다 많이 배출한 제품에 탄소국경세를 부과한다.
③ 탄소국경조정제도는 다른 나라의 제품이 유럽연합으로 들어가는 걸 적극 장려하는 제도이다.

어휘 익히기 다음 초성 힌트와 설명을 보고 해당하는 어휘를 적어 보세요.

- ㅂㄹ   이롭지 않음.
- ㅁㅇㅈㅂ   국가 간 경쟁에서 자국 상품을 보호하고 교역 조건을 유리하게 하려고 정부가 취하는 제도적 조치.
- ㅅㅈㄱ   다른 나라보다 정치, 경제, 문화가 발달하고 앞선 나라.

요약 정리하기 괄호 안에 알맞은 말을 넣어 기사를 요약해 보세요.

( )에서는 탄소국경조정제도가 다른 나라의 제품이 유럽연합으로 들어가는 걸 막는 무역 장벽이라고 주장해요.

생각 곱씹기 우리나라도 수입품에 한해 탄소국경조정제도 같은 제도를 적용해야 할까요?

에베레스트산에서 꼭 챙겨야 할 '이것'

> **미리보기 사전**
> 에베레스트산(Everest山)
> 네팔과 중국의 티베트 국경에 솟아 있는 높이 8,848m 봉우리예요. 세계에서 가장 높은 최고봉이죠.

전 세계에서 가장 높은 산인 에베레스트산은 수많은 산악인이 정상에 오르려고 도전에 도전을 거듭하는 곳이에요. 에베레스트산을 관할하는 네팔의 지역자치구가 에베레스트산에 오르려는 산악인들에게 이 준비물을 꼭 챙겨 오라고 최근 발표했는데, 무엇일까요?

배변 봉투에 배설물 담아 내려와 확인받아야

에베레스트 산지 대부분을 관할하는 네팔 쿰부 파상 라무 지역자치구는 2024년 2월 전 세계 산악인에게 앞으로 에베레스트산과 인근 로체산에 오르려면 반드시 '배변 봉투'를 챙겨 와야 한다고 발표했어요. 산에 오르는 동안 나온 배설물을 배변 봉투에 담아 내려와서 담당자의 확인을 받아야 한다는 거였죠. 이 지역자치구 의장은 "우리 산에서 악취가 풍기기 시작했다. 바위 위에 사람의 대변이 보이고, 이 때문에 일부 등반가가 병에 걸렸다는 항의가 접수되었다."라며 이번 조치를 시행하게 된 배경을 설명했어요.

3톤에 이르는 배설물이 방치된 산

에베레스트산에 오르는 산악인은 베이스캠프에 머물 때까지는 그곳에 설치된 화장실을 이용할 수 있어요. 하지만 본격적으로 등정을 시작하면 화장실이 마땅치 않아서 대부분 구덩이를 파서 묻는데, 산 위로 올라갈수록 기온이 낮아 구덩이를 파기가 어려워 배설물이 그대로 방치돼요. 현지 비정부기구인 사가르마타 오염통제위원회는 베이스캠프와 정상 사이에 3톤에 이르는 배설물이 방치되어 있다고 추산했어요.

핵심 단어 찾기 빈칸에 들어갈 알맞은 단어를 찾아 ✓ 표 하세요.

- 세계 최고봉인 (　　)산은 네팔과 중국의 티베트 국경에 솟아 있는 높이 8,848m 봉우리예요.
- 네팔 쿰부 파상 라무 지역자치구는 앞으로 에베레스트산과 인근 로체산에 오르려면 반드시 (　　)를 챙겨 와야 한다고 발표했어요.

☐ 에베레스트
☐ 킬리만자로
☐ 식수
☐ 배변 봉투

꼼꼼히 읽기 에베레스트산에 대한 설명으로 틀린 것을 고르세요. (　　)

① 네팔 쿰부 파상 라무 지역자치구는 2024년 2월 전 세계 산악인에게 중대 사항을 발표했다.
② 에베레스트산과 인근 로체산에 오를 때는 배설물을 배변 봉투에 담아 내려와야 한다.
③ 에베레스트산 정상으로 올라갈수록 구덩이를 파기가 수월해 배설물을 땅에 묻는다.

어휘 익히기 다음 초성 힌트와 설명을 보고 해당하는 어휘를 적어 보세요.

- ㅂ ㅂ ㅂ ㅌ　　대변을 담아 처리할 수 있도록 만든 봉투.
- ㅇ ㅊ　　나쁜 냄새.
- ㅂ ㅇ ㅅ ㅋ ㅍ　　등산이나 탐험을 할 때 근거지로 삼는 고정 천막.

요약 정리하기 괄호 안에 알맞은 말을 넣어 기사를 요약해 보세요.

앞으로는 에베레스트산과 인근 로체산에 오르는 동안 나온 (　　　　)을 배변 봉투에 담아 내려와서 네팔 지역자치구 담당자의 확인을 받아야 해요.

생각 곱씹기 우리나라에서 산에 오를 때도 배변 봉투를 꼭 가져가야 할까요? 의견과 그 이유를 적어 보세요.

민물가마우지, 이제 잡아도 된다고?

> **미리 보기 사전**
>
> **민물가마우지**
> 가마우짓과 물새이며 몸길이는 1m 정도예요. 부리가 길고 발가락 사이에 물갈퀴가 있으며, 주로 해안이나 하구 주변에 살아요.

2024년부터 민물가마우지를 포획해요. 토종 어류를 보호하고 어업인과 양식장의 피해를 막기 위해서예요. 그동안 민물가마우지가 얼마나 큰 피해를 주었기에 이런 일이 벌어지는 걸까요?

철새였던 민물가마우지, 텃새로 변신

민물가마우지는 원래 겨울에만 우리나라를 찾는 겨울 철새였어요. 그런데 2000년대 초반부터 우리나라의 기후에 적응하며 텃새가 됐고, 개체 수도 크게 늘었어요. 문제는 늘어난 민물가마우지가 강과 호수에 사는 토종 어류를 닥치는 대로 잡아먹는다는 거예요. 보통 하루에 700g 정도 물고기를 잡아먹는데 번식기에는 1kg까지 먹는다고 해요. 또 양식장이나 낚시터의 물고기를 잡아먹어 사람들에게 경제적 피해도 주고 있어요.

유해 야생동물로 지정해 포획 가능

이뿐만이 아니에요. 북한강 상류에 서식하는 민물가마우지의 배설물이 빗물에 섞여 수도권 주민의 식수원인 팔당상수원보호구역으로 흘러 들어가고 있어 큰 문제랍니다. 또 산성이 강한 민물가마우지의 배설물을 맞은 나무는 하얗게 말라 죽고요. 그러자 정부가 2023년 12월 민물가마우지를 유해 야생동물로 지정해 2024년 3월부터 포획할 수 있게 했어요. 야생동물의 생명을 앗아 가는 일이기에 조심스럽지만, 환경보호를 위해 어쩔 수 없는 결정이었어요.

핵심 단어 찾기 빈칸에 들어갈 알맞은 단어를 찾아 ✓ 표 하세요.

- ( )는 가마우짓과 물새이며 몸길이는 1m 정도예요. 부리가 길고 발가락 사이에 물갈퀴가 있어요.
- 2024년부터 민물가마우지를 포획해요. ( )를 보호하고 어업인과 양식장의 피해를 막기 위해서예요.

☐ 민물가마우지
☐ 까치
☐ 토종 어류
☐ 심해 어류

꼼꼼히 읽기 민물가마우지에 대한 설명으로 틀린 것을 고르세요. ( )

① 민물가마우지는 강과 호수에 사는 토종 어류를 닥치는 대로 잡아먹는다.
② 민물가마우지는 원래 여름에만 우리나라를 찾는 여름 철새였다.
③ 민물가마우지는 텃새가 되면서 개체 수가 크게 늘었다.

어휘 익히기 다음 초성 힌트와 설명을 보고 해당하는 어휘를 적어 보세요.

- ⓞⓢⓩ   물고기나 김, 버섯 등의 양식을 전문적으로 하는 곳.
- ⓢⓢⓞ   먹는 물의 원천.
- ⓟⓗ   짐승이나 물고기를 잡음.

요약 정리하기 괄호 안에 알맞은 말을 넣어 기사를 요약해 보세요.

정부는 민물가마우지를 ( )로 지정해 2024년 3월부터 포획할 수 있게 했어요. 민물가마우지가 강과 호수에 사는 토종 어류를 닥치는 대로 잡아먹고 있기 때문이에요.

생각 곱씹기 유해 야생동물을 지정하는 기준을 어떻게 세우면 좋을까요? 나만의 유해 야생동물 지정 기준을 적어 보세요.

정말 녹색 땅이 되어가는 그린란드

> **미리 보기 사전**
>
> **그린란드(Greenland)**
> 유럽과 북미 대륙 사이에 있는, 세계에서 가장 큰 섬이에요. 덴마크 자치령이며 주민은 대부분 에스키모인이에요.

2024년 2월 영국 리즈대학교 연구팀이 과학 학술지 〈사이언티픽 리포트〉에 게재한 보고서에 따르면 지난 30년 동안 그린란드에서 빙하가 약 2만 8,490km² 녹았다고 해요. 서울 면적의 47배에 달하는 양이에요.

얼음이 녹은 땅은 습지와 녹지로

연구팀은 얼음이 녹은 그린란드 땅이 습지와 녹지로 변화한 것을 관찰했어요. 그린란드 안에서 관목이 자라나는 식생지는 약 8만 7,474km²인데 30년 전보다 두 배로 늘어났고, 습지는 30년 전보다 약 네 배 늘어났어요. 연구팀은 이러한 변화가 가파른 기온 상승 때문이라고 밝혔어요. 1970년대 이후 북극의 기온 상승 속도는 지구 전체 평균보다 두 배 빨리 진행되고 있어요. 북극과 가까운 그린란드는 2007~2012년의 연평균 기온이 1979~2000년보다 3℃가량 높았어요.

빙하가 녹으며 배출되는 온실가스도 문제

더 큰 문제는 빙하가 녹으면서 그동안 영구 동토층에 갇혀 있던 메탄가스와 이산화탄소 등 온실가스가 배출되어 더 많은 얼음을 녹인다는 점이에요. 이렇게 녹은 물은 바다로 흘러 들어가 해수면을 높여요. 해수면이 상승하면 전 세계 해안 지역이 물에 잠기게 돼요. 일반적으로 눈과 얼음은 태양에너지를 우주로 반사해 지구가 과도하게 뜨거워지는 것을 막아 줘요. 그동안 그린란드를 덮은 빙하가 그 역할을 해 왔는데, 이제 더는 기대할 수 없겠어요.

핵심 단어 찾기 빈칸에 들어갈 알맞은 단어를 찾아 ✓ 표 하세요.

- 유럽과 북미 대륙 사이에 있는, 세계에서 가장 큰 섬은 (　　)예요.
- 영국 리즈대학교 연구팀의 보고서에 따르면 지난 30년 동안 그린란드에서 서울 면적의 47배에 달하는 (　　)가 녹은 것으로 나타났어요.

☐ 네덜란드
☐ 그린란드
☐ 비누
☐ 빙하

꼼꼼히 읽기 그린란드에 대한 설명으로 틀린 것을 고르세요. (　　)

① 그린란드는 덴마크 자치령이며 주민은 대부분 에스키모인이다.
② 그린란드 안에서 관목이 자라나는 식생지는 30년 전보다 두 배로 늘어났다.
③ 1970년대 이후 북극의 기온 상승 속도는 지구 전체 평균과 비슷하다.

어휘 익히기 다음 초성 힌트와 설명을 보고 해당하는 어휘를 적어 보세요.

- ㄱㅁ　　키가 작고 밑동에서 가지를 많이 치는 나무.
- ㅅㅅㅈ　　특정한 생물이 자연환경에 따라 모여서 서식하는 일정한 장소.
- ㅇㄱ
  ㄷㅌㅊ　　월평균 기온이 영하인 달이 6개월 이상이고 땅속이 1년 내내 언 상태로 있는 지대.

요약 정리하기 괄호 안에 알맞은 말을 넣어 기사를 요약해 보세요.

빙하가 녹으면서 그동안 영구 동토층에 갇혀 있던 메탄가스와 이산화탄소 등 (　　　　)가 배출되어 더 많은 얼음을 녹이고 있어요. 이렇게 녹은 물은 바다로 흘러 들어가 해수면을 높여요.

생각 곱씹기 그린란드의 빙하가 전부 다 녹으면 어떻게 될까요?

음식물 쓰레기 분리배출은 한국처럼

> **미리보기 사전**
>
> **음식물 쓰레기**
> 음식을 만들거나 먹고 난 후 남아서 버리는 쓰레기를 말해요. 다른 나라에서는 바이오 폐기물이라고도 불러요.

프랑스는 2024년 1월부터 음식물 쓰레기 분리배출을 시작했어요. 그동안은 일반 쓰레기봉투에 음식물 쓰레기를 함께 버려 왔어요. 프랑스 방송과 언론에서는 한국의 음식물 쓰레기 배출 방법을 본받아야 한다며 특별방송으로 소개하기도 했어요.

일반 쓰레기의 1/3이었던 음식물 쓰레기

프랑스 정부에 따르면 그동안 음식물 쓰레기는 일반 쓰레기의 1/3을 차지해 왔고, 프랑스인 한 사람이 1년 동안 버리는 음식물 쓰레기는 83kg으로 나타났어요. 프랑스 환경에너지청은 음식물 쓰레기가 중요한 자원이 될 수 있는데 그동안 일반 쓰레기와 함께 소각하거나 매립하면서 에너지를 재활용하지 못했다고 분석했어요. 또 음식물 쓰레기를 매립할 때 나오는 침출수가 지하수를 오염시켜 왔다며 음식물 쓰레기 분리배출을 반드시 해야 한다고 밝혔고요.

중요한 자원인 음식물 쓰레기

음식물 쓰레기의 80%는 수분이라서 불에 태워도 잘 타지 않고, 땅에 묻으면 지하수를 오염시키고 지구 온난화를 일으키는 메탄가스가 발생해요. 그래서 우리나라는 1998년부터 음식물 쓰레기 분리배출을 시작했고, 2005년부터는 땅에 묻는 것도 금지했어요. 이제 음식물 쓰레기 분리배출을 시작한 프랑스 정부는 음식물 쓰레기를 퇴비로 만들거나 바이오가스로 생산하는 등 재활용할 계획이라고 밝혔어요. 또 연간 80만 톤이 넘는 온실가스를 줄일 수 있을 것이라고 예상했어요.

핵심 단어 찾기 빈칸에 들어갈 알맞은 단어를 찾아 ☑ 표 하세요.

- 음식을 만들거나 먹고 난 후 남아서 버리는 쓰레기를 (　　)라고 해요.
- 프랑스는 2024년 1월부터 음식물 쓰레기 (　　)을 시작했어요.

☐ 재활용 쓰레기
☐ 음식물 쓰레기
☐ 분리배출
☐ 매립

꼼꼼히 읽기 프랑스의 음식물 쓰레기 분리배출에 대한 설명으로 틀린 것을 고르세요. (　　)

① 2023년까지 프랑스에서는 일반 쓰레기봉투에 음식물 쓰레기를 함께 버려 왔다.
② 프랑스 방송과 언론에서는 일본의 음식물 쓰레기 배출 방법을 특별방송으로 소개했다.
③ 프랑스 정부에 따르면 그동안 음식물 쓰레기는 일반 쓰레기의 1/3을 차지해 왔다.

어휘 익히기 다음 초성 힌트와 설명을 보고 해당하는 어휘를 적어 보세요.

- ㅂㄹㅂㅊ　　쓰레기를 종류별로 나누어서 버림.
- ㅁㄹ　　　　우묵한 땅이나 하천, 바다 등을 돌이나 흙 등으로 채움.
- ㅊㅊㅅ　　　쓰레기 등의 폐기물이 썩어 지하에 고였다가 흘러나오는 물.

요약 정리하기 괄호 안에 알맞은 말을 넣어 기사를 요약해 보세요.

음식물 쓰레기 분리배출을 시작한 프랑스 정부는 이를 (　　　　)로 만들거나 (　　　　　)로 생산하는 등 재활용할 계획이라고 밝혔어요.

생각 곱씹기 음식물 쓰레기 분리배출을 시작하는 프랑스 친구에게 도움이 될 만한 내용을 적어 보세요.

사막으로 변해 버린 호수

> **미리 보기 사전**
>
> **아랄해**
> 중앙아시아의 카자흐스탄과 우즈베키스탄에 걸쳐 있는, 아시아에서 둘째로 큰 호수예요. 염분이 많아서 바다로 불리기도 했어요.

세계에서 넷째로 큰 호수이자 염분 호수였던 아랄해가 아랄쿰 사막으로 이름을 바꾸었다고 해요. 호수가 사막으로 이름을 바꾸다니, 이게 어떻게 된 일일까요?

10분의 1로 쪼그라든 아랄해

지금부터 60년 전만 해도 아랄해는 우리나라의 2/3에 달하는 면적을 자랑하는 거대한 호수였어요. 여객선과 화물선이 왕래하는 중앙아시아 교류의 중심지였고, 철갑상어를 비롯해 청어, 메기 등 다양한 어류가 서식했어요. 그랬던 아랄해가 지금은 물이 말라 버려서 원래 호수 넓이의 10% 정도만 남아 있답니다. 호수 바닥이었던 곳은 모래바람이 날리는 사막으로 변하고 말았어요.

아랄해로 들어오는 강의 물길을 막고 목화 재배

아랄해는 중앙아시아의 사막 지대에 고립된 호수예요. 아랄해의 물은 중앙아시아의 고원 지대 빙산에서 흘러 내려온 큰 강 두 개에서 비롯되었어요. 그런데 1960년대 소련 정부가 아랄해로 흘러 들어오는 강의 물길을 막고 농지를 조성한 뒤 목화 재배를 장려했어요. 강물을 공급받지 못한 아랄해는 면적이 빠르게 줄어들었고 염도도 높아졌어요. 결국 물이 대부분 말라 버리고 사막이 되자 주민들은 먹고살 길을 찾아 이 지역을 떠났어요. 아랄해의 상황은 남의 일이 아니에요. 유엔이 우리나라를 물 부족 국가로 분류했거든요.

핵심 단어 찾기 빈칸에 들어갈 알맞은 단어를 찾아 ✓ 표 하세요.

- (　　)는 중앙아시아의 카자흐스탄과 우즈베키스탄에 걸쳐 있는 큰 호수예요. 염분이 많아서 바다로 불리기도 했어요.

- 세계에서 넷째로 큰 호수이자 염분 호수였던 아랄해가 (　　)으로 이름을 바꾸었다고 해요.

☐ 지중해
☐ 아랄해
☐ 아랄쿰 사막
☐ 검은 사막

꼼꼼히 읽기 아랄해에 대한 설명으로 틀린 것을 고르세요. (　　)

① 지금부터 60년 전만 해도 아랄해는 우리나라의 2/3에 달하는 면적을 자랑하는 거대한 호수였다.
② 과거 아랄해는 여객선과 화물선이 왕래하는 중앙아시아 교류의 중심지였다.
③ 지금의 아랄해는 물이 말라 버려서 원래 호수 넓이의 50% 정도만 남아 있다.

어휘 익히기 다음 초성 힌트와 설명을 보고 해당하는 어휘를 적어 보세요.

- ㅇㅂ　　　　바닷물에 함유된 소금기.

- ㄱㅇㅈㄷ　　해발 고도 600m 이상인 넓은 벌판 지대.

- ㅁㅎ　　　　아욱과 한해살이풀. 씨는 검은색이고 겉껍질 세포가 흰색 털 모양 섬유로 변한다.

요약 정리하기 괄호 안에 알맞은 말을 넣어 기사를 요약해 보세요.

(　　　　)의 물은 중앙아시아의 고원 지대 빙산에서 흘러 내려온 큰 강 두 개에서 비롯되었어요. 1960년대 소련 정부가 강의 물길을 막고 목화를 재배하면서 강물을 공급받지 못한 (　　　　)는 빠르게 면적이 줄어들었어요.

생각 곱씹기 아랄해는 인류가 환경을 망친 대표적인 사례예요. 인류가 환경을 망친 다른 사례를 적어 보세요.

산양을 만나면 연락 주세요

> **미리 보기 사전**
>
> **산양**
> 솟과 포유류이며 몸의 털색은 회갈색, 뿔은 검은색이에요. 우리나라의 설악산, 오대산, 태백산 일대에 서식하고, 2012년에 멸종 위기 야생생물 1급으로 지정되었어요.

겨울이 되면 설악산 한계령휴게소 부근에 멸종 위기 야생동물 1급인 산양이 나타나요. 천연기념물이기도 한 산양은 가파른 바위 절벽에 서식하고, 개체 수가 적어서 사람 눈에 잘 띄지 않는 동물인데, 왜 겨울에 자주 목격될까요?

지표면 얼어붙어 마른 풀도 못 먹게 된 산양

그동안 겨울이 되면 국립공원공단은 설악산 일대에서 산양을 2~3마리씩 구조했어요. 그런데 2023년 11월부터 2024년 1월까지는 무려 18마리나 구조했어요. 폭설과 강추위 때문에 먹이를 찾지 못하고 탈진한 산양이 늘어난 거예요. 특히 1월 중순 설악산에 많은 비가 내린 뒤 지표면이 얼어 얼음막이 생기면서 산양이 얼음막을 깨지 못해 마른 풀을 먹을 수 없게 되었어요. 차라리 눈이 내렸다면 눈 속을 헤집어 마른 풀을 찾았을 텐데 말이에요.

도움이 필요한 산양 만나면 119로 신고

아프리카돼지열병을 예방하려고 세운 철제 울타리가 산양을 산 아래쪽 도로로 내몬다는 분석도 있어요. 설악산에서 산양이 자유롭게 이동하지 못하게 되자 먹이를 찾아 도로로 내려왔다는 거예요. 앞으로 설악산 오색케이블카 공사가 시작되면 소음과 진동 때문에 산양 서식지가 타격을 입을 것이라는 우려도 나와요. 산양은 2006년 시작된 복원 사업의 영향으로 1,000여 마리로 늘어났다고 추산되고 있어요. 국립공원공단은 도움이 필요한 산양을 만나면 119로 신고해 달라고 요청했어요.

핵심 단어 찾기 빈칸에 들어갈 알맞은 단어를 찾아 ✓ 표 하세요.

- ( )은 솟과 포유류이며 몸의 털색은 회갈색, 뿔은 검은색이에요.
- ( )인 산양은 가파른 바위 절벽에 서식하고, 개체 수가 적어서 사람 눈에 잘 띄지 않는 동물이에요.

☐ 산양
☐ 반달곰
☐ 천연기념물
☐ 반려동물

꼼꼼히 읽기 산양에 대한 설명으로 틀린 것을 고르세요. ( )

① 산양은 2012년 멸종 위기 야생생물 1급으로 지정되었다.
② 2023년 11월부터 2024년 1월까지 설악산 일대에서 산양 28마리를 구조했다.
③ 아프리카돼지열병을 예방하려고 세운 철제 울타리가 산양을 산 아래로 내몬다.

어휘 익히기 다음 초성 힌트와 설명을 보고 해당하는 어휘를 적어 보세요.

- ㄱㅊ   하나의 독립된 생물체. 살아가는 데 필요한 독립적 기능을 갖고 있다.
- ㅈㅍㅁ   지구의 표면. 또는 땅의 겉면.
- ㅌㅈ   기운이 다 빠져 없어짐.

요약 정리하기 괄호 안에 알맞은 말을 넣어 기사를 요약해 보세요.

설악산 오색케이블카 공사가 시작되면 소음과 진동 때문에 ( ) 서식지가 타격을 입을 것이라는 우려도 나와요. 국립공원공단은 도움이 필요한 ( )을 만나면 119로 신고해 달라고 요청했어요.

생각 곱씹기 산양 외에 우리나라에서 멸종 위기에 처한 야생생물을 적어 보세요.

메탄 배출하면 딱 걸려!

> **미리 보기 사전**
>
> **메탄(Methane)**
> 메테인이라고도 하며, 무색무취 가연성 기체이고 천연가스의 주성분이에요. 이산화탄소보다 20배 이상 강한 온실 효과를 갖고 있어 지구 온난화의 원인으로 꼽혀요.

메탄은 온실가스 중 하나예요. 농업과 폐기물 처리 과정에서 나오지만, 석유와 가스를 추출하는 공장에서도 배출돼요. 지구에 나쁜 영향을 끼치는 메탄 배출을 줄이려고 구글과 미국의 환경단체인 '환경방어기금(EDF)'이 손을 잡았다고 해요.

메탄 배출하는 지역 집중 감시

2024년 2월 세계적인 IT 기업 구글이 메탄샛(MethaneSat) 프로젝트를 추진하는 미국 환경방어기금과 파트너십을 맺었어요. 메탄샛은 2024년 3월 우주에 인공위성을 띄워 석유와 가스 생산의 80% 이상을 담당하는 지역에서 배출되는 메탄의 양을 감시하는 프로젝트예요. 기존 인공위성으로도 메탄 배출량을 감시할 수 있지만, 메탄샛은 소규모 메탄 배출 감시에 특화되어 있어요. 메탄샛 위성은 지구 궤도를 하루 15차례씩 돌며 메탄 배출량 데이터를 수집하게 돼요.

수집 데이터는 구글어스에서 무료 제공

위성으로 수집한 데이터는 구글의 인공지능을 거쳐 전 세계 메탄 배출 지도로 만들어져요. 구글은 이 지도를 지리 정보 플랫폼인 '구글어스'에서 연구기관과 언론사, 환경단체 등에 무료로 제공할 예정이에요. 구글은 메탄샛 프로젝트가 전 세계 메탄 배출량을 줄이는 데 매우 유용할 것이라고 예상하고 있어요. 2023년에 열린 '유엔 기후변화협약 당사국총회'에서는 2030년까지 메탄 배출량을 지금보다 80% 이상 감축하기로 결정한 바 있어요.

핵심 단어 찾기 빈칸에 들어갈 알맞은 단어를 찾아 ✓ 표 하세요.

- ( )은 메테인이라고도 하며, 무색무취 가연성 기체이고 천연가스의 주성분이에요.
  - ☐ 연탄
  - ☐ 메탄

- 메탄은 농업과 폐기물 처리 과정에서 나오지만, ( )와 ( )를 추출하는 공장에서도 배출되고 있어요.
  - ☐ 커피 / 녹차
  - ☐ 석유 / 가스

꼼꼼히 읽기 메탄샛 프로젝트에 대한 설명으로 틀린 것을 고르세요. ( )

① 애플과 미국 환경방어기금이 파트너십을 맺고 함께 추진하고 있다.
② 우주에 인공위성을 띄워 석유와 가스 생산의 80% 이상을 담당하는 지역에서 배출되는 메탄의 양을 감시하는 프로젝트이다.
③ 소규모 메탄 배출 감시에 특화되어 있다.

어휘 익히기 다음 초성 힌트와 설명을 보고 해당하는 어휘를 적어 보세요.

- ㅁㅅㅁㅊ   아무 빛깔과 냄새가 없음.
- ㄱㅇㅅ   불에 잘 탈 수 있거나 타기 쉬운 성질.
- ㄱㅅ   단속하기 위해 주의 깊게 살핌.

요약 정리하기 괄호 안에 알맞은 말을 넣어 기사를 요약해 보세요.

메탄샛 위성으로 수집한 데이터는 구글의 ( )을 거쳐 전 세계 메탄 배출 지도로 만들어져요. 구글은 이 지도를 연구기관과 언론사, 환경단체 등에 무료로 제공할 예정이에요.

생각 곱씹기 메탄 배출 외에 인공위성으로 감시하고 싶은 것이 있다면 적어 보세요.

_____

_____

어휘 한눈에 보기

환경 기사에 등장한 한자어와 순우리말 어휘를 정리했어요. 한자처럼 보이지만 순우리말인 경우도 있고 순우리말처럼 보이는 말이 한자어인 경우도 있으니 꼼꼼하게 살펴보세요.

 환경 기사에서 눈여겨보면 좋을 한자어

빙하
氷 얼음 빙
河 강물 하

오랫동안 쌓인 눈이 얼음덩어리로 변한 현상.

상승
上 위 상
昇 오를 승

낮은 데서 위로 올라감.

이상
異 다를 이
狀 형성 상

평소와는 다른 상태.

훼손
毁 헐 훼
損 덜 손

헐거나 깨뜨려 못 쓰게 만듦.

멸종
滅 멸망할 멸
種 씨 종

생물의 한 종류가 아주 없어짐.

산호
珊 산호 산
瑚 산호 호

높이 50cm 정도의 나뭇가지 모양의 군체를 이루는 산호류를 통틀어 이르는 말.

금지
禁 금할 금
止 그칠 지

법, 규칙, 명령 등으로 어떤 행위를 하지 못하도록 함.

균형
均 고를 균
衡 저울대 형

어느 한쪽으로 기울거나 치우치지 아니하고 고른 상태.

천적
天 하늘 천
敵 원수 적

잡아먹는 동물을 잡아먹히는 동물에 상대하여 이르는 말.

등정
登 오를 등
頂 정수리 정

산 등의 꼭대기에 오름.

방치
放 놓을 방
置 둘 치

돌보거나 간섭하지 않고 그대로 둠.

토종
土 흙 토
種 씨 종

본디부터 그곳에서 나는 종자.

습지
- 濕 축축할 습
- 地 땅 지

습기가 많은 축축한 땅.

재활용
- 再 다시 재
- 活 살 활
- 用 쓸 용

폐품 등을 용도를 바꾸거나 가공하여 다시 씀.

오염
- 汚 더러울 오
- 染 물들일 염

더럽게 물듦. 또는 더럽게 물들게 함.

퇴비
- 堆 흙무더기 퇴
- 肥 살찔 비

풀, 짚 또는 가축의 배설물 등을 썩힌 거름.

재배
- 栽 심을 재
- 培 북돋을 배

식물을 심어 가꿈.

소음
- 騷 떠들 소
- 音 소리 음

불규칙하게 뒤섞여 불쾌하고 시끄러운 소리.

🔍 환경 기사에서 눈여겨보면 좋을 순우리말

- **보금자리** 지내기에 매우 포근하고 아늑한 곳을 비유적으로 이르는 말.
- **앞두다** 목적까지 일정한 시간이나 거리를 남겨 놓다.
- **뿜어내다** 속에 있는 것을 뿜어서 밖으로 나오게 하다.
- **가뭄** 오랫동안 계속하여 비가 내리지 않아 메마른 날씨.
- **그을리다** 햇볕이나 불, 연기 등을 오래 쬐어 검게 되다.
- **달아오르다** 어떤 물체가 몹시 뜨거워지다.
- **볕** 해가 내리쬐는 기운.
- **허수아비** 곡식을 해치는 새, 짐승 등을 막기 위해 막대기와 짚 등으로 만들어 세운 사람 모양의 물건.
- **구덩이** 땅이 움푹하게 파인 곳.
- **텃새** 철을 따라 자리를 옮기지 않고 거의 한 지방에서만 사는 새.
- **헤집다** 긁어 파서 뒤집어 흩다.

정답

경제

01 세금 / 지방세 / ② / 예산 / 납세자 / 상습적 / 국세 / 지방세 / 국세 / 지방세

02 김 / 해초류 / ③ / 반도체 / 수산물 / 재고 / 수출액 / 점유율

03 가계 부채 / 오를 / ③ / 원금 / 이자 / 불황 / 가계 부채 비율

04 사교육비 / 소득 수준 / ① / 출생률 / 입시 / 서열화 / 출생률 / 주거비

05 수입 / 적자 / ① / 무역 수지 / 적자 / 실적 / 반도체 / 자동차 / 일반 기계

06 가구 / 1인 가구 / ③ / 주거 / 생계 / 분포 / 상품 타깃

07 금리 / 고금리 / ③ / 서민 / 시중은행 / 대출 / 금리 / 투자

08 보호무역 / 도널드 트럼프 / ② / 자국 / 원가 / 무역의존도 / 보호무역

09 환율 / 달러 / ③ / 원화 / 대금 / 자원 / 원화 / 달러 / 달러 / 원화

10 실적 / 투자자들 / ③ / 분기 / 발표 / 투자 / 어닝 시즌 / 어닝 서프라이즈 / 어닝 쇼크

11 캐즘 / 전기차 / ① / 대중화 / 진취적 / 경쟁력 / 전기차

12 웹툰 / 우리나라 / ③ / 장악 / 제휴 / 굿즈 / 일본

13 가상 자산 / 개인 / ③ / 위조 / 희소성 / 결제를 위한 화폐 / 투자 목적 자산

14 기축통화 / 미국의 달러 / ③ / 통화 / 결제 / 국력 / 기축통화

15 PB 상품 / 가성비 / ① / 마케팅 / 유통 / 균일가 / PB 상품

세계

16 의류 노동자 / 중국 / ③ / 최저임금 / 인상안 / 납품 / 임금

17 월드컵 / 영국 / ① / 예선 / 종주국 / 전력 / 지방정부

18 하계 올림픽 / 100년 / ③ / 슬로건 / 양성평등 / 혼성 / 양성평등 / 포용 / 완전히 개방된 대회

19 홍해 / 수에즈 운하 / ② / 운하 / 반군 / 운송 / 중국

20 중국 / 미국 / ③ / 영향력 / 동력 / 명실상부 / G2

21 알래스카 / 알류트족 / ② / 해협 / 식민지 / 재정난 / 알래스카

22 빅맥 지수 / 스타벅스 / ② / 비교 / 물가 / 환산 / 빅맥 지수

23 군주제 / 헌법 / ③ / 입헌 / 권한 / 견제 / 입헌 군주제 / 전제 군주제

24 브릭스 / 다섯 / ① / 회원국 / 내수 시장 / 서방 / 중국 / 러시아

25 시위 / 유럽연합 / ③ / 관문 / 규제 / 보조금 / 환경보호 / 보조금

26 SUV / 주차비 / ③ / 주차비 / 공공장소 / 보행자 / (SUV) 주차비 인상

27 인도 / 인구 / ② / 공화국 / 동향 / 경제 대국 / 3년 / 3위

28 최저임금 / 9,860원 / ③ / 저임금 / 격차 / 소비 / 최저임금

29 탄핵 / 국토안보부 / ③ / 밀입국자 / 이민 / 합법적 / 밀입국

30 국방비 / 국방 예산 / ② / 안보 / 위협 / 도발 / 국방비

31 극우 / 독일을 위한 대안 / ② / 특종 / 회동 / 이민자 / 불법 이민자

32 대만 / 총통 / ③ / 처지 / 성향 / 실용주의 / 대리 선거

33 서안 지구 / 가자 지구 / 하마스 / ② / 중재 / 최남단 / 구속력 / 국제사법재판소

34 징집 / 군부 / ③ / 군부 / 복무 / 압사 / 미얀마 / 공무원

35 빈집 / 인구 고령화 / ③ / 고령화 / 공동화 / 리모델링 / 빈집

사회문화

36 CCTV / 수술 / ③ / 헌법소원 / 위축 / 프라이버시 / 수술실 / CCTV / 의료계

37 의대 정원 / 고령화 / ③ / 정원 / 빈도 / 의료계 / 확대

38 대중교통 전용지구 / ① / 해제 / 상권 / 침체 / 교통 체증 / 영업

39 소년범 / 나이 / ② / 형사처벌 / 보호처분 / 교화 / 형사처벌

40 외국인 노동자 / 인력난 / ③ / 비숙련 / 요양보호 / 생산 인구 / 인력 부족

41 분초 사회 / 희소 자원 / ③ / 분초 / 트렌드 / 희소 자원 / 시성비

42 은둔 청년 / 사회 활동 / ③ / 은둔 / 구직 / 고위험군 / 고립·은둔 청년

43 지방 소멸 / 수도권 / ② / 수도권 / 공기업 / 인프라 / 지방

44 도파민 / 숏폼 / ③ / 브이로그 / 의존증 / 내성 / 자극 / 도파민

45 비대면 진료 / 약 처방 / ① / 비대면 / 처방 / 경증 / 비대면 진료

46 보이콧 / 바이콧 / ③ / 가치 소비 / 불매 운동 / 선행 / 바이콧

47 주민등록 인구통계 / 초등학교 / ② / 재외 국민 / 바로미터 / 저출생 / 초고령사회

48 젠트리피케이션 / ㅇ리단길 / ① / 이국적 / 임대료 / 부동산 / 젠트리피케이션

49 개고기 / 전통 식문화 / ③ / 식용 / 식문화 / 유예 / 개 식용

50 잊힐 권리 / 지우개 서비스 / ③ / 경매 / 개인정보 / 자기 결정권 / 잊힐 권리

51 의무 휴업 / 대형 마트 / ③ / 편익 / 전환 / 지자체 / 공휴일 / 평일

52 사형 / 사형 폐지 국가 / ③ / 억제 / 수감 / 집행 / 인권

53 미디어 / 어린이 / ② / 권고 / 플랫폼 / 예방 / 미디어

54 늘봄학교 / 1학년 / ② / 안심 / 역점 / 돌봄교실 / 교육 / 돌봄

55 OTT / 팬데믹 / ③ / 팬데믹 / 부진 / 편의성 / 팬데믹 / OTT

정치

56 국회의원 / 300 / ③ / 지역구 / 유권자 / 분립 / 입법부

57 보수 / 진보 / ③ / 정권 / 점진적 / 대변 / 보수 / 우파

58 포퓰리즘 / 선거 / ② / 대중 / 정책 / 폄하 / 포퓰리즘 정책

59 쿠데타 / 혁명 / ① / 무력 / 체제 / 계엄령 / 쿠데타

60 정당 / 권력 / ③ / 대의민주주의 / 공천 / 국정 / 정당

61 대통령제 / 대통령 / ① / 수반 / 임기 / 정국 / 대통령

62 의원내각제 / 의원내각제 / ③ / 내각 / 명목상 / 과반 / 의회 / 내각

63 수교 / 쿠바 / ③ / 사회주의 / 복원 / 우방국 / 수교

64 인사 청문회 / 인사청문경과보고서 / ① / 청문회 / 공직 / 무용론 / 인사 청문회

65 국민동의청원 / 30일 / ③ / 청원 / 회부 / 여론 / 국민동의청원

과학

66 인공 눈 / 자연 눈 / ② / 인공 / 수증기 / 습도 / 물방울
67 체온 / 병원균 / ② / 병원균 / 신진대사 / 면역 / 정온 동물
68 캠핑장 / 우유갑 / ① / 발화점 / 증발 / 불쏘시개 / 물
69 클라우드 / 인터넷 / ② / 디지털 교과서 / 맞춤형 / 저장 / 클라우드
70 남극 / 내륙 / ③ / 탐사대 / 육로 / 크레바스 / 남극 내륙 기지
71 오로라 / 북극 / 남극 / ③ / 자기장 / 태양풍 / 입자 / 낮 / 밤
72 수면장애 / 뇌 / ② / 혈압 / 심장 박동 / 자극 / 성장 호르몬
73 제로 슈거 / 칼로리 / ③ / 칼로리 / 당뇨 / 대체 / 대체 감미료
74 테라포밍 / 지구 / ③ / 화석 연료 / 행성 / 회수 / 테라포밍
75 혈관 / 산소 / ③ / 노폐물 / 적혈구 / 함유 / 정맥
76 지진해일 / 동해안 / ③ / 강진 / 해저 / 만조 / 해저 지진 / 해저 화산 분화
77 오시리스-렉스 / 베누 / ① / 소행성 / 공전 / 캡슐 / 소행성
78 미라 / 알프스 / ③ / 외모 / 방부제 / 치명상 / 외치
79 인공위성 / 목조 위성 / ② / 목조 / 기하급수적 / 소각 / 우주 쓰레기
80 수소 / 천연 수소 / ② / 배출 / 풍력 / 시추 / 천연 수소
81 소라 / 오픈AI / ③ / 구현 / 텍스트 / 딥페이크 / 딥페이크
82 대기권 / 추락 / ③ / 관측 위성 / 상공 / 궤도 / 대기권
83 탐사선 / 민간 / ② / 민간 / 착륙 / 탑재 / 달 탐사
84 화성인 / 화성 거주 / ③ / 모의 / 유영 / 능통 / 차피

환경

85 탄소 중립 / 지구 온난화 / ② / 중립 / 극지방 / 감축 / 온실가스
86 전력거래량 / 석탄 / ③ / 전력 / 에너지원 / 해상풍력발전 / 신재생에너지
87 유네스코 / 오색케이블카 / ① / 지주 / 서식지 / 발파 / 멸종 위기 야생동물
88 북부흰코뿔소 / 멸종 / ③ / 수렵 / 체외수정 / 배아 / 북부흰코뿔소
89 탄소 / 슈퍼리치 / ③ / 부자 / 파괴 / 세율 / 탄소
90 자외선 / 1급 발암 물질 / ① / 발암 / 감광제 / 반입 / 옥시벤존 / 옥티노세이트
91 산불 / 건조한 / 강한 / ② / 자연재해 / 고온 현상 / 생태계 / 천이 / 극상
92 유해 야생동물 / 비둘기 / ③ / 민원 / 과태료 / 불임 / 비둘기 / 과태료
93 탄소국경조정제도 / 이산화탄소 / ③ / 불리 / 무역 장벽 / 선진국 / 개발도상국
94 에베레스트 / 배변 봉투 / ③ / 배변 봉투 / 악취 / 베이스캠프 / 배설물
95 민물가마우지 / 토종 어류 / ② / 양식장 / 식수원 / 포획 / 유해 야생동물
96 그린란드 / 빙하 / ③ / 관목 / 식생지 / 영구 동토층 / 온실가스
97 음식물 쓰레기 / 분리배출 / ② / 분리배출 / 매립 / 침출수 / 퇴비 / 바이오가스
98 아랄해 / 아랄쿰 사막 / ③ / 염분 / 고원 지대 / 목화 / 아랄해
99 산양 / 천연기념물 / ② / 개체 / 지표면 / 탈진 / 산양
100 메탄 / 석유 / 가스 / ① / 무색무취 / 가연성 / 감시 / 인공지능

신문 어휘 찾아보기

아래 어휘들이 어떤 기사에서 어떻게 쓰였는지 확인해 보세요.

ㄱ

가격	32
가뭄	212
가성비	44
가연성	234
가치	32
가치 소비	114
감광제	214
감소	24
감시	234
감축	204
강진	182
갖추다	78
개인정보	122
개체	232
거두다	52
거래	38
검붉다	180
검증	154
격차	74
겪다	96
견디다	188
견제	64
결정	162
결제	42
경매	122
경쟁력	36
경제 대국	72
경증	112
계엄령	144
고령화	88
고립	66
고수	74
고스란히	166
고온 현상	216
고원 지대	230
고위험군	106
공공장소	70
공기업	108
공동화	88
공전	184
공직	154
공천	146
공화국	72
과반	150
과태료	218
관목	226
관문	68
관세	30
관찰	172
관측 위성	194
교역	68
교화	100
구덩이	222
구속력	84
구직	106
구현	192
국력	42
국정	146
군부	86
굿즈	38
권고	128
권한	64
궤도	194
규제	68
균일가	44
균형	216
그을리다	214
극우	80
극지방	204
금지	214
기득권	140
기지	170
기체	172
기피	102
기하급수적	188
길들다	110
꼼꼼히	154
꾀하다	140
꾸준히	20

ㄴ

낙후	118
납부	16
납세자	16
납품	50
내각	150
내다보다	72
내성	110
내세우다	150
내수	66
내수 시장	66
너울	182
노폐물	180
능사	100
능통	198

ㄷ

다스리다	64
다투다	104
달아오르다	216
당뇨	176
대금	32
대략	40
대리	94
대변	140
대의민주주의	146
대중	142
대중화	36
대책	106
대체	176
대출	28
도발	78
도입	54
독려	16
독재	148
돌보다	96
돌봄교실	130
동력	58
동의	156
동향	72
두께	170
두텁다	42
둥지	118
능성	222
디지털 교과서	168
딥페이크	192
따로	52
따오다	66
떠오르다	18
뚫리다	168
뜻깊다	156

ㄹ

리모델링	88

ㅁ

마련하다	76
마케팅	44
만조	182
맞닿다	162
맞춤형	168
매립	228
매장	190
매출	44
맺다	152
멎다	112
면역	164
멸종	210
명목상	150
명분	56
명실상부	58
보의	198
목조	188
목화	230
무디다	174
무력	144
무색무취	234
무심코	122
무역 수지	24
무역 장벽	220
무역의존도	30
무용론	154
문턱	40
묻히다	184
물가	62
민간	196
민원	218
밀입국자	76
밑돌다	116

ㅂ

바람직하다	32
바로미터	116
바야흐로	156
반군	56
반도체	18
반발	120
반입	214
발사	184
발암	214
발파	208
발표	34
발화점	166
방부제	186
방치	222
배변 봉투	222
배아	210
배출	190
번갈다	140
벌어지다	32
베이스캠프	222
병원균	164
볕	216
보금자리	206
보안	152
보조금	68
보행자	70
보호처분	100
복무	86
복원	152
봉쇄	68
부과	30
부동산	118
부상	66
부자	212
부진	132
부채	20
분기	34
분리배출	228
분립	138
분비	174
분초	104
분포	26
불리	220
불매 운동	114
불쏘시개	166
불임	218
불황	20
브이로그	110
비교	62
비대면	112
비숙련	102
빈도	96
빈틈	162
빙하	204
빠져들다	54
뿌리내리다	144
뿜어내다	212

ㅅ

사이사이	166
사회주의	152
산소	166
산호	214
살림	16
상공	194
상권	98
상습적	16
상승	204
생계	26
생명체	178
생산 인구	102
생태계	216
서두르다	28
서민	28
서방	66
서식지	208
서열	22
서열화	22
선거	138
선진국	220
선행	114
선호	104
성장	44
성향	82
세력	140
세율	212
소각	188
소득	22
소멸	108

소비	74
소송	122
소음	232
소행성	184
손실	106
수감	126
수도권	108
수렵	210
수반	148
수산물	18
수입	24
수증기	162
수출	18
슬로건	54
습도	162
습지	226
시위	50
시장	36
시중은행	28
시청	110
시추	190
식문화	120
식민지	60
식생지	226
식수원	224
식용	120
신진대사	164
실용주의	82
실적	24
심사	156
심장 박동	174
쏠림	108

ㅇ

악용	100
악취	222
안보	78
안심	130
압사	86
앞두다	210
앞지르다	72
애쓰다	26
양성평등	54
양식장	224
억제	126
에너지원	206
여론	156
역점	130
염분	230
영구 동토층	226
영합	142
영향력	58
예방	128
예산	16
예선	52
오염	228
온도	164
외모	186
요구	156
요새	60
요양보호	102
우방국	152
운송	56
운하	56

원가	30
원금	20
원수	148
원화	32
위조	40
위축	94
위협	78
유권자	138
유영	198
유예	120
유지	164
유출	94
유통	44
육로	170
은둔	106
의료계	96
의석	146
의존증	110
이국적	118
이민	76
이민자	80
이상	204
이자	20
인공	162
인상안	50
인프라	108
일자리	72
임기	148
임대료	118
임명	154
입시	22
입자	172

입헌	64
잇따르다	142

ㅈ

자국	30
자극	174
자기 결정권	122
자기장	172
자산	28
자연재해	216
자원	32
자질	154
장관	154
장악	38
재고	18
재배	230
재외 국민	116
재정난	60
재활용	228
저임금	74
저장	168
저출생	116
적자	24
적혈구	180
전력	52
전력	206
전쟁	84
전환	124
점진적	140
정국	148
정권	140
정부	146
정원	96
정책	142
제치다	24
제휴	38
조작	168
종사	50
종주국	52
주거	26
주차비	70
중독	110
중립	204
중재	84
증발	166
지역구	138
지자체	124
지정	98
지주	208
지표면	232
진료	112
진취적	36
집행	126

ㅊ

차지하다	30
착륙	196
처방	112
처지	82
천적	218
청문회	154
청원	156
체외수정	210
체제	144
초고령	116
총리	150
최남단	84
최저임금	50
출생률	22
충돌	172
치명상	186
침략	78
침체	98
침출수	228

ㅋ

칼로리	176
캡슐	184
크레바스	170

ㅌ

탈진	232
탐사	170
탐사대	170
탑재	196
태양풍	172
턱없이	50
텃새	224

텍스트	192
토종	224
통화	42
퇴비	228
투자	34
투표	138
트렌드	104
특종	80
특혜	52

ㅍ

파괴	212
팬데믹	132
팽팽히	100
편의성	132
편익	124
편입	60
펼치다	138
폄하	142
포획	224
풍력	190
프라이버시	94
플랫폼	128
피곤	174

ㅎ

한계	56
한창	106
함유	180
합법적	76
합의	64
해상풍력발전	206
해저	182
해제	98
해협	60
행성	178
허덕이다	60
허물어지다	106
허수아비	218
헌법소원	94
헤집다	232
혈압	174
형사처벌	100
호흡	178
혼성	54
화석 연료	178
화성	178
확대	96
환산	62
회동	80
회부	156
회수	178
회원국	66
후손	186
훼손	208
흐지부지	156
희소성	40
희소 자원	104

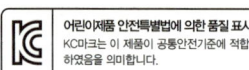
아이스크림 어린이신문 ❷

1판 1쇄 인쇄 2024년 4월 20일
1판 1쇄 발행 2024년 5월 8일

글 이세영

펴낸이 이윤석
출판사업본부장 신지원
출판기획팀장 오성임 **책임편집** 남영주 **마케팅** 김찬별
편집 김민경 **디자인** KL Design
펴낸곳 아이스크림북스
출판등록 2013년 8월 26일 제2013-000241호

주소 (06771) 서울시 서초구 매헌로 16 하이브랜드빌딩 18층
전화 02-3440-4604
이메일 books@i-screamedu.co.kr
인스타그램 @iscreambooks

ⓒ 이세영, 2024

※아이스크림북스는 ㈜아이스크림에듀의 출판 브랜드입니다.
※이 책을 무단 복사·복제·전재하면 저작권법에 저촉됩니다.
※잘못 만들어진 책은 구입하신 곳에서 교환해 드립니다.

ISBN 979-11-6108-667-5(74700)
        979-11-6108-629-3(74700) (세트)

어린이제품 안전특별법에 의한 품질 표시
KC마크는 이 제품이 공통안전기준에 적합하였음을 의미합니다.